"文化与科技"丛书
李松主编

民族民间文化艺术影视资源的管理与研究

许雪莲 等著

学苑出版社

图书在版编目（CIP）数据

民族民间文化艺术影视资源的管理与研究/许雪莲著．— 北京：学苑出版社，2014.9
ISBN 978-7-5077-4613-6

Ⅰ.①民… Ⅱ.①许… Ⅲ.①文化艺术—视频—传播媒介—资源管理—研究—中国 Ⅳ.①G219.2

中国版本图书馆 CIP 数据核字（2014）第 216569 号

责任编辑：周　鼎
出版发行：学苑出版社
社　　址：北京市丰台区南方庄 2 号院 1 号楼
邮政编码：100079
网　　址：www.book001.com
电子信箱：xueyuanpress@163.com
联系电话：010-67601101（营销部）、010-67603091（总编室）
经　　销：全国新华书店
印 刷 厂：三河市灵山红旗印刷厂
开本尺寸：700×1000　1/16
印　　张：10
字　　数：150 千字
版　　次：2014 年 9 月第 1 版
印　　次：2014 年 9 月第 1 次印刷
定　　价：45.00 元

支持出版

中央级公益性科研院所基本科研业务费专项资金

国家科技支撑计划"基于位置服务的文化旅游综合服务研究与应用示范"课题

撰稿组

许雪莲　全书体例制订及修订统稿，负责第一章第一节、第二节、第三节、第二章第一节、第二节、第三章第一节、第二节撰稿，参与第三章第三节、第四节、第五节撰稿

王华振　负责第三章第三节、第六节、第四章第二节撰稿，参与第一章第二节、第三章第二节、第四节、第五节撰稿

耿永辉　负责第四章第一节撰稿

刘静颐　参与第三章第五节撰稿

李星泽　参与第三章第四节撰稿

序

  文化和技术的融合是人类发展的必然，我们经常碰到的问题是，技术条件和社会发展条件已经具备了融合的基本能力，而传统的社会理念或是文化市场分工下的隔阂导致了真正的技术不能被应用，学科之间的划分使得我们文化之间的传播能力和文化的整体影响力被消融。在文化和技术进步的同时，科技进步与技术垄断的陷阱、人文研究领域的应用水平和急功近利的困境以及原创性文化产品的缺失，都是文化中非常常见的基本问题。中华民族文化发展与技术的进步，其实得益于口传文化到文本文化这一历史阶段，得益于我们的文字，得益于印刷技术的发展和社会发展。在这几千年的历史过度中我们养育了一个非常强大的文明。后来的图像、音像进入中国，也只有一百多年的历史。再后来数字化、数据库到数字平台、网络在中国发展也就30年的历史。但这30年中我们感受到了生活和社会发生的重大巨变。

  在时代高速冲刷的作用力下，信息技术成为推动文化事业和文化产业发展的新引擎，文化部民族民间文艺发展中心（以下简称"中心"）所进行的以抢救民族民间文化为目的而开展的各项工作开始发挥作用。当人类开始面对被数字铺天盖地的覆盖性生活时，我们已不可预知这种生活的内容和形式会对人类的未来产生何样的影响。

  从宏观上来讲，我们已经进入数字时代，而数字时代记录知识、保存知识、传播知识的方式对生活产生的改变，我们都在感受。数字技术以不断的更新升级来冲撞我们的生活，媒体资产正是将存储方式数字化的产物。同时用数字化的方式加以信息整合，诠释文化的价值，并赋予价值正效应，将全球化的文化深度和广度不断扩展开来，可以使其在生活方式、风俗习惯、制度文化、科技教育、思想观念等方面更充分显现。

以文化为目的，以技术为手段，当前，中心已通过资料收集、实地调研、音像录制、建立数据库等多种方式将民族民间文化资源加以整理和保存，如何将其转化为可不断循环利用的媒体资产将是中心最重要最基本又必不可少的工作。其实，技术具备了各类信息的整合能力，这项问题早被解决。但是学科之间还有隔阂，环境还有隔阂，资源类型还有隔阂，中心的工作还需要将所有可以吸收的技术和信息加以融合；把文化范围内各个学科与资源环境的隔阂加以消除，通过自身对知识的吸收，通过各类人才的配合，才能使多重资源类型融合在一起，提升资源的价值型，并为社会所用。

知识，无论是学术性质的或是社会化的，在 21 世纪都被逐渐细分。而其中的交叉与关联也被不断重视，学科之间相互补给，以表现多元的知识和文化，这样才能适应这个信息化的社会。知识的内容和形式在数字化的技术中不断丰富和多样化，如何将人类获取知识的手段变得便捷高效，就要将各类信息整合起来。而整合知识第一要做的基础性工作便是制定一份规则，将所有整合的资源标准化。这种标准，并不是去消减它的多样性，而是使大家能够精准地为不同需要的人提供各类信息，包括不同类型的信息。用元数据显示基础与核心的技术，形成系统的标准化建设，创造媒体资产的价值，让受众在其中资源共享，把不同语言体系下的、不同语境下的、不同学术背景喜的多重知识以一定的模式整合起来，加以运用。

这种新型的媒体资产管理，利用信息技术手段，对数字媒体资产所做的存储、管理、挖掘和再利用，将不同标准的信息组织在一起，就会成为人类知识共享的先决条件。而对数字媒体资产所做的存储、管理、挖掘和再利用的组织信息的技术手段也将形成一门新的学问。中心通过对涵盖戏曲、曲艺、音乐、舞蹈、文学、节日等多种类别的民族民间文艺资源，以多媒体资源中音频、视频、图片三种类别分类收集和存储，来完成技术的手段和目的。这所有的工作，不敢说有多么专业，多么权威，但是中心试图尽最大的力量，尽工作者的所学所用、所思所想，尽我们对未来和从前的一些判断来做一些尝试和探索，而这些尝试和探索，显然，年轻人应该站在最前面。

在新时代的背景下，青年人群的力量开始成为社会的支柱，从文化修养、知识体系到学术背景将青年人都集结起来，共同参与完成这项以文化之名而展开来的媒体资源规范建立和资源整理的工作，也成为项目运行的重要目的之一。在传播学的角度，人与信息都属媒介范畴，作为媒介来说，每个青年工作者都是单一的个体，组合起来也不过是一个小团队，传播范围有限。可是大家将无限的热情与参与力，积极投身于此项工作中，将每个人不同的知识集合起来，加以融合再造，所形成的力量无可比拟。中心的工作并非在做什么高深的学问，每一个人都只是做好分内的工作，利用数字化手段将资源整合，踏踏实实的为国家做好记录和档案，就是我们应尽的责任。

数字化充斥了现在的生活，也预示着未来的前进方向。当我们一步一步拾掇传统文化往前走时，不仅要照顾历史，更要面对当下，畅想未来。为了挽救濒危的民族民间文化艺术资源，保护和发展传统文化，中心积极利用高新科技保存文艺资源，全面承担中国民族民间文艺资源的搜集、整理、保护、研究、发展工作，同时创新资源的管理、展示、应用模式。中心通过媒体资源系统这个平台的搭建，为多种类别的民间文化和不同学科的知识信息稳定地联系在一起，以技术的手段整合资源，再造价值。信息技术作为未来人类在数字化的基础上获取财富的一个崭新渠道，将会在工作与生活中愈显其重要价值。

现在，由许雪莲、李明、王彦等同志开展的"民族民间文艺资源·媒资管理规范研究与应用项目",将保存传统文化的方式和手段记录下来,建立规范的标准,同时运用标准将资源进行数字化存储,是一次有益的尝试。中心在试图为保存传统文化贡献一份力量,照顾传统、面向未来。这种未来,就是数据真正的融合,中心为此而设定的标准,所做的,所尝试的,并不能预见它在未来的人类历史中能留下什么,而我们只是尽我们的绵薄之力。

文化很宏大,传统文化更是不可丢失的财富之一,中心预想的保护工作也需要很长的计划来实施、更大的队伍来执行。作为个体,作为青年工作者,大家都很渺小,面对工作,每个人都很踏实,不高调、不浮夸、不张扬,每个人尽其所做所能、所思、所想,通过采集、积累、规范、调整多个工序,认真踏实地做好保存民族民间文化资源这件事,其实也就是一个远大的目标。

在这个以青年力量为主力的团队中,每个工作者以正向的态度、昂扬的热情,不断摸索前进。大家从不同的专业渠道通过这一个项目走在一起,协同合作,以保护传统文化为出发点和坚守原则的基础,相信对文化资源进行数字整合的效用和意义,尽个人所能,完善工作,完成计划之初的目标。仅仅是这般对待劳动认真坚定的态度,以及踏踏实实的劳动过程,每位青年工作者付出的行动便应该被尊重,值得被感谢。

此时,我们以项目之名,记录行动、反思行动、并赋予行动以意义,利用技术通道,保障不同信息的联系和稳定存储。技术不是主要问题,资源也已收集在那里,在数字化背景下的思考和行动,才是真正的重点。现在这项工作成果可能还不够稳定,还需要多方实践,但是为了更好地保存这些文化资产,每个人都去努力并且去尝试,就足以证明每个年轻工作者前进的决心。

最后,我个人觉得文化离社会发展的核心位置越来越近,文化变成了一个联系世间所有生物和生命的纽带,所有问题都跟文化有着直接的联系,大家现在都在运用最先进的技术手段讲述自己的文化,在社会高速发展的过程当中,怎样更好的讲述文化,怎样把创新和传统两者融合,即运用科技的手段把传统文化延续下去,将成为我们继续努力的方向。

目 录

第一章　研究背景 / 1
第一节　民族民间文化艺术影视资源状况 / 3
第二节　国际、国内研究现状 / 7
第三节　项目研究意义 / 15

第二章　研究过程 / 17
第一节　技术路线 / 19
第二节　人员参与情况 / 21

第三章　媒资规范研究 / 23
第一节　采　集 / 25
第二节　编　目 / 39
第三节　存　储 / 67
第四节　制　作 / 78
第五节　管　理 / 85
第六节　发布与应用 / 92

第四章　案例应用 / 105
第一节　《中国民族民间器乐曲集成·云南卷》的资源采集 / 107
第二节　新疆古尔邦节田野调查资源入库流程 / 112
第三节　苗族鼓藏节的采集、编辑与存储 / 122

附件1　田野编目规范/场记规范 / 129
附件2　关键词/术语解释 / 138
参考文献 / 141
后　记 / 143

第一章
研究背景

第一节　民族民间文化艺术影视资源状况

中华民族历史悠久,各族人民在生产生活实践中创造并传承了内容丰富、种类繁多的民族民间文化。民族民间文化是构成一个民族、一个国家文化的基础,与广大民众的生活密切相关,重视它的整理、保护和传承,是中华文化的优秀传统。在我国,早在西周时期就有采诗活动;先秦时代的文化典籍,如《诗经》《易经》《周礼》《礼记》《尚书》《山海经》等均有相关民俗及口头文学的记载。稳定的生活传统、历史悠久的典籍文化传承、对和谐文化理念的不懈追求,正是中华文明绵延5000年不断延续发展的原因。

中华文化历时悠久,具有独特的文化内核;同时,中华文化呈现多元一体的插序格局,多元的民族文化在相互交融中共存。从生活方式到社会制度,我们有幸却又不得不面对的是丰富的文化财富和复杂的工作对象。然而,随着经济社会变迁,大量文化艺术资源面临消亡危机,对民族文化艺术进行抢救性的收集和保护凸显出其重要性。其中,以视频方式记录、保存民族民间文化艺术资源是重要的文化记忆方式,它将连续的时空、场景、人物与意义有机融合记录,对于呈现、理解与弘扬民族民间文化艺术具有重要意义。

一、资源状况

民族民间文化指由民众创造、传承的精神文化与物质文化，包含知识、信仰、艺术、道德、法律、习俗及其实物。民族民间文化由特定的民族或特定区域的群体创造并传承，民族民间文化艺术影视资源涵盖戏曲、曲艺、音乐、舞蹈、文学、节日、礼仪、服饰、皮影等多种类别，其多样化的形态和特征使得资源保存变得相对复杂。自新中国成立以来，我国政府为保护民族民间文化开展了大量工作，通过重大项目工程、政策立法、教育科研、传播发展等形式，在收集、整理、保存、研究、发展民族民间文化方面取得了很大成效。

从 20 世纪 50 年代开始，以少数民族文化为调查、研究、保护对象的工作逐渐开展，大型项目有如国家民委规划编写的以少数民族历史、语言、文化等为主要内容的"民族问题五种丛书"，收集到了数千万字的调查资料，拍摄了一批反映少数民族社会文化历史的纪录片，为中国少数民族研究提供了新的依据，相关成果的编辑出版为中国的少数民族文化保护奠定了重要基础。在民族民间文化艺术方面，自 1979 年至 2009 年，我国启动了"十部文艺集成志书"编纂出版工作，全国范围的民族民间文化艺术资源的采集整理工作得以展开，历经 30 年，全国 10 万余人参与，对流传于民间个人或组织的戏曲、民歌、器乐、舞蹈、曲艺、歌谣、谚语、故事等资料进行了全面、系统的普查整理，编纂成果共计 298 卷、450 册、5 亿字，并留存了一定数量的音视频资料，被誉为修筑中华民族"文化长城"的宏伟工程。之后开展的民族民间文化保护工程以及非物质文化遗产保护工作也取得了巨大成果，在非物质文化遗产方面，全面开展了非物质文化遗产普查工作，建立了系统的非物质文化遗产代表作名录体系和传承人体系，在政府建设与社会推动方面均加强了各方面的保障作用，相关工作还在持续开展。与此同时，收集与整理的视频资料也渐成规模，正在沉淀为另一有价值的民间文艺宝库。

民族民间文化的发展得益于媒体的宣传，得益于科学技术的推广应用，录音、照相、摄像等技术的进步，使过去只能静态保存的资料得以生动展示，也保存了更为完整的信息；计算机与网络技术的应用，使民族民间文化资源实现数字化，实现全球的文化信息共享。

随着时光消逝，许多珍贵的历史资料和音像素材都亟需加以备份和保护，利用现代化媒体资源的管理方式，将其妥善保存，以便资源再利用，价值再创造，同时达到文化传承的目的，这就需要运用现代化的媒体资源管理系统来承担保护民间文化音像资料的责任，这对于改善音像资料存储环境、视频的高质量、高效率管理与利用有重要作用，对于中国民族民间文化的传承与弘扬有着重要的作用。

二、中心资源

文化部民族民间文艺发展中心为文化部下属专门从事民族民间文化艺术保护研究的科研事业单位，中心的主要任务是全面承担中国民族民间文艺的收集、整理、保护、研究、发展工作；利用文艺资源优势与现代科技手段，建立系统的中国民族民间文艺基础资源数据库，宣传保护中华民族丰富的文化传统。经过中心工作者和相关研究人员的努力，中心目前已拥有文化行业领域内数量最为庞大的一手民族民间文化艺术文本、图片、影音资料，这是民间文化最为宝贵的财富，是全体工作人员的劳动成果和智慧结晶，还是未来文化发展和文化建设的重要资本和信息基础。

中心自成立以来，就形成了深入民间采集濒危的传统艺术形式、记录民风民俗的工作传统，所收集到视频资源一方面来自自身团队在田野中的长期追踪记录，另一方面也是通过科研项目、文化活动等整合完成的资源，具体视频资源类型及内容如下：

（一）田野调查

尊重地方民俗，依循自然规律的在民间进行影音拍摄是中心影像工作的主要方式。对民族民间文艺资源进行针对性的采集和补录，是中心近年不断拓展的业务，其中包括民间节庆影像资料，如苗族姊妹节、鼓藏节、白族绕山灵、彝族二月八、藏族赛马节等1200多小时；民俗艺术表演影像资料，如江西南丰傩戏、陕西合阳上锣鼓、安顺地戏等400多小时；濒危剧种、舞种的录像资料，如陕西锣鼓杂戏、合阳提线木偶、华县皮影等100小时，将当地的自然风光、地方特色、民族风情等综合拍摄，较为完整客观地记录了相应文化艺术资源，有利于资源的利用与研究。

中心依托所承担的社科基金重大委托项目"中国节日志"、"中国史诗百部工程"等项目，强调在民俗环境中进行一手资料的拍摄，目前已收集到近1000小时的影音资料，预计项目完成后将实现收集超过3000小时的节日影像资料、1500小时的史诗演述资料。

（二）摄影棚及相关文化活动

通过中国原生民歌大赛、民族乐器演奏比赛等，中心获得了大量民歌、器乐演奏视频资料；通过科技支撑计划的舞蹈动态捕捉、乐器测量等项目，获得了丰富的数字影音资料；通过和各地艺术研究所、院校的合作，帮助整理修复音视频资源，实现数字资源的共享；通过与各地文化部门、媒体开展合作的各类民俗活动，如四川西昌黎族火把节、自贡灯会等，中心都完整参与现场活动的视频采集工作，并将此类民俗活动更真实具体地保存下来；中心与国内外各文化相关单位的合作与交流中，也留存下了以各式民间文化特有题材采录与拍摄的活动视频。

由此，中心成立 10 多年以来采录、收集了大量的视频资料，如何对这些珍贵的民族民间文化视频资源进行有效的保存和管理是当前面临的重要工作。

第二节　国际、国内研究现状

世界各国各民族都有自己丰富多彩的民族文化与艺术资源，这构成了世界多样性和人类创造精神的源泉。同时，这些民族民间文化是国家和民族历史的积淀和现实生存的坐标，是社会秩序与社会稳定的基础。随着社会的变迁，文化资源成为一个国家的价值和积淀，可以分享与传播于更广阔的时空范围。

然而不可忽视的是，伴随着全球化进程，民族文化受到外来文化冲击，20 世纪中叶以来，世界各国都更加重视传统文化的保护，制定了一系列的保护措施。随着新媒体、数字化时代的到来，在单纯的保护文化资源的框架之外，更多国家在致力于寻找新的方式来创造文化传承的新格局和新发展。无论是对文化内容的保存还是创新模式的开发，都是保护资源的有效方式。在信息产业高速发展的当下，国际国内各相关机构都以高速文化建设的步伐来保存已有资源并实现新的研发和利用。

数字化资源信息量的加大、速度的加快、格式的多样性以及对再利用的要求，使得文化资源的内容处理和管理上出现了两个突出的特点：一是文化素材内容数量迅速增加，二是对文化资源内容的生产和传播速度提出了更高的要求。内容的管理变得越来越重要，慢慢成为内容生产和传播环节中的核心部分。

以电视媒体为例，从20世纪90年代开始，美国和欧洲的有关组织就开始了对电视节目资料数字化网络管理系统的研究和应用。自20世纪90年代，IBM公司成功开发了CM（Content Manager）软件系统，这个内容管理核心平台就已为报纸、网络、广播、电视等各行业媒体的资产管理提供了解决方案，实现了媒体系统之间数字化资源的存储、获取、管理和发布，使其多年积累的媒介资产得到保值与增值的可能。科技的进步使数字化成为媒体资产管理的必要环节，将媒体资产再利用的价值和能力不容小觑。

一、国际媒体资产系统的建设

将传统媒体数字化，已然是现当代社会中各行业对媒介资源进行保值与增值的第一手段。运用信息技术，以内容管理为基础、建立多级存储管理层，可使媒体企业实现数字化资产的系统管理和再利用。据《媒体资产管理技术》[①]，自1991年开始，韩国SBS电视台开始将大量磁带资料进行系统数字化，对其进行数据编目和保存，这也成为韩国媒体资产管理系统的开端。1999年，美国CNN电视台开始设计数字资产管理系统，为每日超过150小时的新闻信息解决视频制作与资料保存的难题。2004年，英国广播公司BBC建设完成媒体资产管理系统，安装了具备高容量和高带宽的NAS3000存储系统，保证了对媒体资产的大量采集、存储和播放利用功能，还包括法国国立视听资料馆实现对1949年开始出现的电视资料进行合

---

① 徐品、李绍彬、王玉霞著《媒体资产管理技术》，北京：电子工业出版社2012年版，p14—17。

法保存，日本 NHK 音像档案馆、日本 TBS 电视台媒体资产系统等都开始了对音像媒体资料的保护。

其中，IBM 和 SONY 公司共同合作为美国 CNN 电视台开发了视频电视栏目和视频制作行业的媒资系统，如今可称为世界上最大的数字媒体资产管理系统之一，它为 CNN 的节目编排和管理极大提高了效率，增强了节目制作水平和实效性，也为世界各地发布新闻的方式提供了新思路。这个项目积累了超过 12 万小时的资料，并且以每年 1.5 万小时的资料在增加。项目包括归档、存储、应用、共享等一个在线的数字化仓库，提高了资源利用效率，推动了 CNN 各项业务的发展。

据《数字媒体资产管理》①，目前美国有线电视新闻网（CNN）、美国广播公司（ABC）、英国广播公司（BBC）、环球影视、时代华纳等国际媒体机构的数字媒体管理已经拓展到内容规划、频道销售管理、数字媒体贸易、媒体商务与合同、现金回笼与分红等数字价值产业链的管理，通过数字媒体资产管理对价值链构成资产效益的联系。

数字化技术的快速发展和信息传播的网络化普及使得越来越多的民间文化资料可以使用各种数字设备进行记录、传播、研究。像欧洲，通过跨国跨行业的合作，建立了欧洲数字图书馆项目，将欧洲 300 余个博物馆、资料馆、图书馆和视听馆联合起来，组成了海量数据库。

在传统文化领域，为了采取及时行动确保世界文献记忆不再受到损坏和丧失，联合国教科文组织于 1992 年发起了世界记忆工程。该工程的宗旨是通过使用最佳技术手段保护具有世界、地区和国家意义的文献遗产，促使这些文献遗产能够为国际间的广大公众所利用，并在全世界范围提高人们对本国文献遗产的认识。世界上有不少发达国家建有专门的影音管理机

---

① 参见宋培义著《数字媒体资产管理》，北京：中国广播电视出版社 2009 年版，p6。

构,例如隶属于奥地利科学院的国家音响档案馆成立于1899年,是世界上公认的最早的音响档案馆。奥地利科学院音档馆以收集、复制、生产、保存音响为其主要工作,而且不受地区和专业学科的限制。从19世纪末开始,人类学家、语言学家就利用其录音技术进行相关研究。再如澳大利亚的国家声像档案馆,负责收集并提供各类录音、录像、电影、电视档案以及与之相关的实物、资料的利用,其接待的用户多为普通公民,同时还提供有关音像材料保护、处理的技术服务。

伴随着信息技术的发展,媒体资产管理系统得到推广,内容归档存储技术也变得更加成熟。例如日本东北大学 ISTU(Internet School of Tohoku University)校园网,将学校图书馆的图文影音资料进行数字化管理,进行内容定义、编目、版权保护、内容服务以及效果的评价等应用,不仅把资源变成了拥有知识产权的新内容,也建构了完整的内容管理系统。此外还有微软研究院媒体资料库、日本国立情报中心情报馆等都完成了相关内容建设工作,并已发展为今天比较成熟的内容管理系统。[1]

在存储技术方面,随着年代的推移,老式视音频、图文资料开始被侵蚀、损坏,拯救资源刻不容缓。由于当前多媒体技术迅速发展,出现了多样化的设备,市场上也涌现了多样化的数字存储格式。常见的视频格式包括 MPEG/AVI/RM/MOV 等,常见的音频格式包括 WAV/MP3/WMA/OGG/FLAC/APE 等等。像 AVI 格式于1992年被 Microsoft 公司推出,调用方便,图像质量好;Apple 公司推出的 MOV 格式,具有较高的压缩比率和较完美的视频清晰度;[2] 而 MP3 格式诞生于20世纪80年

---

[1] 参见宋培义著《数字媒体资产管理》,北京:中国广播电视出版社2009年版,p2。

[2] 参见谢方著《音像档案数字化研究与实践》,北京:中国广播电视出版社2010年版,p81。

代的德国，其文件尺寸小、音质好，一直到现在还是主流的音频格式。国外企业通过创新存储格式来对视音频资源进行相应的保护和开发，使其创造更大的商业价值。而传统文化作为一个民族在社会历史积淀中的表达，必须通过保存、开发、利用，使其恢复生命活力和社会功能，使各族人民重新认识本民族的文化。开发利用不一定采用市场化的方式，但利用市场化方式无疑会带来更强动力与竞争力，利用新的技术方式实现资产管理的市场价值，是资源得到保存和高效利用的重要途径。

二、国内媒体资产系统状况

在国内，文化艺术方面的媒体资产管理一部分应用于广播电视台、网站、影音制作公司等，另一部分则在院校、科研管理机构中，其中，广播电视台的媒体资产系统建设相对更为专业化。上海文广集团旗下的上海市广播研究所自1999年底开始，成功运用IBM公司的媒体资产管理解决方案，而由中央电视台、中科大洋公司等多家单位联合开发的中国广播电视音像资料馆项目，在技术上集音像资料的收集、整理、存储、编目、检索、交换和服务主功能于一体。它于2003年9月投入运行，到2011年，已经完成了65万余小时的节目资料存储，1100万条的数据，是亚洲最大的视音频资料馆。当前，越来越多的省市级电视台开始加快自己媒资系统的建设步伐，也开始与一些厂商进行合作，国内的中科大洋、捷成世纪、索贝、联想等多家公司都能够为大众提供数字媒体资产管理解决方案。

由于媒体资产管理系统的复杂性，一个合理、实用、健全的媒资库需要很长时间才能建成，并且需要投入大量的人力物力，尽管国内已经有一批媒资管理系统，在技术上紧跟世界步伐，产品也在不断换代升级，但在整个系统中却面临着一些同样的问题。例如，在管理和应用上大都还处在初级阶段，大部分仅停留在局域网的资源共享，或局域网内完成节目的编辑。再如，尽管中央电视台在内部进行了定价、交易，但未完全形成开放的对外体系，版权的界定与归属也是困扰其商业化运作的一个问题。从国外媒资系统的全球化布局来看，国内的存储和应用模式与国外还有一定的差别，还有就是定位相对比较简单，对流程整合重视不足等，值得国内媒资管理者继续深入研究。

在民间文化研究方面，多数机构目前的系统虽然可以进行资料数字化的采集和整理，但在针对民族民间文化的特有元素上还没有一个比较完善的音视频标准和分类法。

面对这一现状，文化部民族民间文艺发展中心积极利用计算机技术和媒资系统对文艺资源的保存和利用功能，加大投入和研究，同时创新资源的管理、展示、应用模式。自2001年以来，中心陆续承担科技部基础性工作专项"中国民族民间文艺基础资源数据库工程（分类编目）"、"中国民族民间文艺基础资源拯救（数据库建设）"、国家科技支撑计划"民族文化数字化技术研究及示范应用"等项目，以"十部文艺集成志书"的资料为基础，对大量的民族民间文艺基础资料进行了分类整理，制订了中国民族民间文艺基础资源分类标准，并在元数据制定、数字化转换方面取得了一定的标准化成果，开发建设了"中国记忆——文艺基础资源数据库管理系统"，通过了科技部专家验收，目前已开发至第三期。该系统构建了一个具有数字资源加工、整合、管理与服务的统一的民族民间文艺基础资源应用系统平台，实现了信息整合与资源共享方式。在此基础上，中心继续建设完成了"中国民间文学数据库"、"中国古琴文化数据库"、"中国传统节日史志文献数据库"等数据库，构建了以大量一手资料为主体的传统文化资源数据库。由于中心目前在承担"全国文化艺术资源标准化技术委员会"秘书处工作,在文化艺术资源采集、保存、编目、数字化、保护等方面均在开展标准化制定工作。

2012年,中心开展了《民族民间文艺资源·媒资管理规范研究与应用项目》,目的正是在媒体资源系统的统一管理下,将丰富多样的民族民间文化媒体资源与数据库进行整合,实现媒体数字资源的自动调取、网络传输、在线管理、编辑、发布等,并形成相关行业标准。中心试图从安全、可靠的角度将大量散落的资源加以整合与妥善保存,再付诸于高效、便捷的查询利用功能,建设一个完整的、深层次、多领域的媒体资源管理系统。

全国文化信息资源共享工程(以下简称"文化共享工程")是在2002年由文化部、财政部组织实施的一项国家重大文化工程,它依托计算机、网络等科技手段,将大众喜闻乐见的文化信息进行传播共享。根据其网站[①]显示,该工程目前已建成国家、省、地市、县区、乡镇(街道)、村(社区)6级服务网络。截至2011年底,建成1个国家中心,33个省级分中心,2840个县级支中心,28595个乡镇基层服务点,60.2万个村基层服务点,拥有全国专兼职人员已达68万人,累计服务超过11.2亿人次。通过广泛整合公共图书馆、博物馆、美术馆、艺术院团及广电、教育、科技、农业等部门的优秀数字资源,文化共享工程数字资源建设总量达到136.4TB,整合制作优秀特色专题资源库207个,其资源以大众文化为主体,侧重于惠民共享。

中国社会科学院民族文学研究所(以下简称"民文所")在媒体资源系统建设方面也在不断尝试。根据尹虎彬所著的

---

① 引自国家数字文化网 http://www.ndcnc.gov.cn/gongcheng/jieshao/201212/t20121212_495375.htm

《互联网时代的口头传统》①,自 2003 年,民文所正式启动"口头传统研究基地"项目,利用摄影、摄像、录音等技术手段,建设完善"中国少数民族口头文学资料库",储备了文字、图片、录音、录像及文化实物等资料。自 2008 年,逐步建成媒体资源库和相应网站,完成了音视频和图片文件的数字化加工、入库编目。经多年实践,"中国少数民族口头文学资料库"对所存的绝大多数资料进行了数字化处理及数据库管理,所存资料以著名的三大英雄史诗《格萨(斯)尔》《玛纳斯》《江格尔》为主体,同时涵盖了各民族珍贵的口头和非物质文化遗产资料。

从以上情况可见我国民族民间文化文艺数字化保护工作正在全面展开,同时参与的主体在不断增多。凭借先进的媒体技术手段和传播技术,突破时间和空间的限制,拓展与延伸了传统的、书面的和人际传播的效果。媒体时代数字化技术的普及,使各机构甚至个人参与抢救保护民族民间文化的梦想更易实现,但值得注意的是,在这样的参与和保护中形成的媒体资源,并不是所有的都能实现更大范围更多媒介的规范链接。为让现有媒介记录的民族民间文化成果得到更广泛有效的传播利用,我们有必要建立一套现代媒体资源管理的技术规范,以便有效地开展民族民间文化的抢救与保护,推动民族民间文化的数字化时代。

---

① 参见尹虎彪著《互联网时代的口头传统》,《社会科学报》2011 年 7 月 21 日第 5 版,来源于 http://www.shekebao.com.cn/shekebao/node197/node208/userobject1ai3882.html

第三节 项目研究意义

基于对民族民间文化媒体资源数字化保护重要性的认识，中心设立《民族民间文艺资源·媒体资产管理规范研究与应用》研究项目。项目的研究意义主要体现在以下三个方面。

一、形成更有效的资产管理

将数字资源进行计算机存储、数据库管理和网络传输，根据资源情况制定统一的标准规范，将实现对各种媒体资产的统一管理和控制、实现信息的自动化处理，提高工作效率，建立具有可扩展性的业务平台，为文化资源拓展新的应用领域，提高资源价值。

二、培养跨学科科研人员

实施这一项目，对中心的科研人员提出了业务能力与素质的挑战。项目的实施主要倚靠中心的中、青年科研人员，不仅要负责项目总体规划、技术标准的制定，也要将标准实际应用于工作中，包含收集数据、整编数据、归档存储、发布使用等，通过项目的实施，项目组成员既熟悉了资源的规范管理与使用过程，也对文艺基础资源的内容加深了理解。

三、工作规范化

从自身的工作特点出发,依据所制定的标准和工作流程,制定民族民间文艺资源媒资管理规范,并在工作中实践应用,将实现工作中媒资管理的有序化、统一化、专业化。依托中心作为全国文化艺术资源标准化技术委员会秘书处的职能,将相关工作标准进行行业推广,引导文化艺术领域的媒资体系建设,有利于国家文化艺术档案的规范化整理和使用,有利于行业内工作方式的规范化和专业化。

第二章
研究过程

第一节 技术路线

项目组以广电系统的媒资管理系统为借鉴蓝本，研究媒体资源的收集、整理、编目、存储、检索、应用和服务技术，以实现视频媒体资源的网络化、数字化管理。通过比较国内外相关标准，包括广电总局制定的视频著录规范，国际DC、艺术资源相关标准，再结合中心的视频场记单、影像志、科技支撑计划等工作成果，形成视频管理规范。以下是此次项目的主要工作方式。

一、资料收集

资料收集分为两种形式，一是田野调查，二是通过项目合作整合资源。在田野调查方面，项目组赴湖南、辽宁、山东、山西等地进行了民族民间文艺资源的采集，如对湖南民间舞蹈进行调查，结合当地的民俗活动进行了现场采录，获得了珍贵的一手资料。由于与各地研究院所建立有紧密的合作关系，达成了与部分研究院所合作进行音视频资源的修复和数字化工作，以云南为例，项目组参与了对云南艺术研究所历史影像资料的数字化工作。

二、实地调研

项目组分别去往中央电视台下属的中国广播电视音像资料

馆和中央广播电台技术部进行实地考察、参观学习，了解了他们的媒体资产系统使用状况，包含设计思路、技术规范、人员分工、经费投入等，尤其对编目体系进行了重点考察，了解广电系统的工作方式和特点。同时，还与其技术人员进行座谈交流，阐述民间文化资源保护状况，询问解决办法，共同讨论技术难点。

三、专家培训

为了拓宽研究思路，在项目开展之初，项目组即组织召开了多次会议，邀请了来自高等院校、科研院所、影音技术公司的专家进行培训和座谈交流。如北京师范大学的刘铁梁教授，主要从民俗学角度介绍了田野调查的方式、方法；中国社会科学院的尹虎彬研究员，从国际、国内两方面介绍了民俗类数据库状况；深圳智林科技有限公司的工程师范国华、冯立来就媒资管理的软硬件知识进行了培训和交流，他们一方面向项目组成员介绍了新的知识，另一方面也对项目的设计和实施提供了新的思路。

四、文稿撰写

经过实地调查、方案设计、实践应用之后，项目组成员开始分工进行文稿的撰写。在此视频分册中，充分发挥了每位成员自己的专业优势，如人类学专业成员负责对文化艺术资源进行内容分析，制定媒资管理体系核心的编目方案，并在采集、编辑、存储、管理、发布等环节加以资源情况分析；影视学成员注重技术环节的细节描述，将每一个环节的操作步骤进行了细致梳理；管理学成员侧重工作规范和知识产权规定的撰写，通过查询文献、访谈等方式，最终完成了文稿，结合民族民间文艺资源情况，对影视媒资管理体系的各个环节进行了系统的整理，提出了相关工作标准。

五、案例应用

在形成规范之后，项目组成员直接在各自的工作环节进行了实际应用。以采集为例，项目组按照工作规程，将在田野中收集到的视频资料重新进行了系统采集，采用了最新确定的编码格式，完成了新的采集资源。大批资源按照编目方案进行了简单编目与复杂编目的实践，并最终入媒资库，实现了资源的有效检索与下载。在本书的第四章，将展现相关案例的应用。

第二节 人员参与情况

此次项目以文化部民族民间文艺发展中心主任李松为总顾问，副主任张刚为技术指导，分音频、视频、图片三个小组展开研究。

此视频分册由许雪莲担任负责人，负责项目的总体规划与实施，包含体例制定、组织会议、组织稿件撰写等，并在视频分册中担任第一章第一节、第二节、第三节、第二章第一节、第二节、第三章第一节、第二节的主要撰稿者，参与第三章第三节、第四节、第五节撰稿。团队成员包含王华振、耿永辉、李星泽、刘静颐、范彬,其中,王华振担任了第三章的存储、发布应用及案例应用的撰稿,并参与国际研究现状、编目、制作等章节的撰稿;耿永辉完成了"云南器乐集成采集"案例应用的撰稿,刘静颐参与了管理部分的撰稿,李星泽参与了制作部分的撰稿,范彬则负责制定整个项目的经费管理制度,李颖、张田对于文稿编辑亦有贡献。所有参与者都用认真负责的姿态,以完成视频媒体资源的有序管理利用为目标,参与了项目的实施,并完成了书稿撰写的全过程。

第三章
媒资规范研究

第一节 采 集

广义的采集，指带有一定目的、方式的资源获取，包含从实地调查中获取资料，从访谈中得到讯息，从文献中收集知识，将各类资源进行数据采录等。媒资管理系统中的采集，通常指通过各种形式和途径获取信息的过程。由于本书的资源对象是民族民间文艺资源，根据文化保护工作的需要，资料的客观真实被放在首要位置，在田野调查中实现采集工作的科学与规范，是后期数据管理的前提，因此，本书所指"采集"，涵盖田野调查中的资源采集。以下所指"采集"，定位于民族民间文艺资源的采集，且主要讨论的是影视资源的采集，那么主要包含两种类型：一是影视资源的实地采集，二是影视资源的数据采集。

一、实地采集

（一）采集内容

根据民俗事项的传承情况，实地采集通常又可分为民俗环境中的采集、非民俗环境的采集。在民族民间文化艺术形式本身的民俗环境中进行采集，所获得的视频资料更为全面、客观、真实。以民间舞蹈为例，舞蹈与仪式之间存在紧密联系，如江西省南丰县石邮村正月期间的跳傩（图1）、哈尼族葬礼中的棕叶舞（图2）、纳西族成年礼中的打跳、苗族节日中的锦鸡舞等。在其民俗活动中进行视频拍摄，既拍摄到舞者融于生活的舞蹈，也拍摄到了舞者参与舞蹈的过程、周围观众的反应、传统的舞蹈场所等，有利于后人理解民间舞蹈的动作、环境，形成了更为真实自然的记录。

图1　江西省南丰县石邮村正月期间的跳傩（张刚 摄）

图2　云南省元江县哈尼族葬礼中的棕叶舞（许雪莲 摄）

当然，也有一部分民族民间文化艺术已经失去了生存的土壤，或者，出于更精准的影音录制考虑，需要在专门的场所进行影视采集，则只能选择非语境下的拍摄。例如，辽宁大学江帆教授组织的对锡伯族民间故事的采录，由于故事讲述者何均佑年事已高，项目组在老人家中进行了长期的故事采录（图3）。

图3　何钧佑讲述锡伯族长篇民间故事（江帆 提供）

（二）采集原则

民族民间文艺资源的实地采集应遵循客观、真实的基本原则。所谓客观原则，即应建立在当地人的立场、视角基础上，避免外来者过多的主观视角介入。而真实原则，则建立在事物相对性的基础上，遵循当地规律，采用科学的研究方法和工作方式。资源的采集应避免人为的摆拍，或违背当地禁忌。相对于故事片依循拍摄大纲进行拍摄，民俗活动具有一定的不可预见性，如某一种民俗活动已然结束，采录者没有拍到，却要求再次摆拍，难免影响民俗活动的自然规律，并且也很难拍摄到与真实情况一样的情景。因此，要更好地采集到民族民间文艺资源，应亲身进行较长时间的田野调查，才能深入了解当地文化规律，把握采录时的正确步骤和方法。

(三) 采集方式

在资源的实地采集中，要特别注意时间、脚本、团队、设备等方面的安排。

1. 时间

在时间分配方面，要在民俗活动正式开始之前尽早进入田野。从当前的拍摄规律来看，第一年先拍摄资料，第二年再次拍摄会获得更稳定的内容架构。前期充分的研究，将使人物、线索更为清晰，而如果要保证在一次拍摄中获得较为完整的结构性信息，则要至少提前半个月至一个月进入田野，当然，如果更早一些则更好。在田野期间，需要保证随时的跟拍。在民俗活动结束之后，需要再停留一定的时间，记录活动结束之后的状态，并完成必要的访谈、翻译和镜头补拍等。以拍摄彝族的赛装节为例（图4），提早进入田野了解节日情况，熟悉村落情况，选择适宜于拍摄的家庭或个人，事先制定拍摄大纲，

图4　云南省永仁县直苴村彝族赛装节（许雪莲 摄）

这都是非常必要的前期工作。通过前期了解，可以发现这个节日是一个当地民众重新建构的节日，不能仅仅拍摄正月十五到十六期间的穿新衣、跳脚活动，而应当从节日的起源——"伙头"选举来追溯节日的历史与变迁。在正月十六跳脚活动结束之后，应对活动中的男女再进行一段时间的追踪拍摄，才能完整记录青年男女通过跳脚活动结识的全过程。

2. 脚本

采集的脚本即拍摄大纲，应对拍摄的时间、地点、主要人物、主要事件、主要环境五个方面进行事先设定，对于作品的主题、主线、结构、拍摄要点四个方面要有清晰的构架，同时，对主创团队、设备、制片等方面要有综合考虑。对以上方面做出设计，可参照如下要素，即资料的采集应包含社会自然背景、基本环节、重要人物与组织、重要事项四个方面的记录，而这四个方面又可划分为若干个要素，要素表见表1。

表1　影视拍摄要素表

类　别	要　素
社会自然背景	历史、社会、自然生态
基本环节	时间、空间、基本内容
重要人物与组织	重要人物、组织、其他人物与族群
重要事项	祭祀与仪式、表演艺术、游戏竞技、服饰、饮食、手工艺品、社交礼仪、亲属关系

以拍摄柯尔克孜族的史诗《玛纳斯》为例，我们遵循优先在语境中进行拍摄的原则，选择在割礼仪式中记录史诗。在社会自然背景方面，通过访谈记录《玛纳斯》的演述历史，拍摄村落情况，记录周边环境；在基本环节方面，不仅全程记录史诗演述的过程，也要记录割礼仪式的各个环节和内容；在人物与组织方面，记录举办割礼的家庭和小男孩的生活情况，记录史诗演述人的情况，记录其他参与者在场的反应和活动

等；在重要事项方面，应特别注意对仪式中的道具、礼仪、服饰、乐器、饮食等进行记录，由此，可以采集到较为完整的一部史诗。

3. 团队

团队的组建包含编导、制片、学术顾问、摄影、摄像、录音、场记、翻译、向导等，不仅要有基础的摄制团队，还应有相应的科研调查人员。摄制团队应有一定的民间文化艺术拍摄经验，尊重民间艺人，了解民间活动的规律，遵循真实客观原则，不对当地活动造成干扰，避免复原拍摄。科研调查人员应对地方情况有较深入的了解，有把握文化规律的主动性和敏感度，熟悉地方语言或能尽快与翻译达成一致的工作状态。

4. 设备①

（1）基础设备

拍摄设备包含专业的摄影、录音、照相设备等，出于记录民俗活动的考虑，至少应配备两台以上的摄像机进行摄像，一般可将大型的高清摄像机设为主机位，以记录大场面、访谈等为主，小型高清摄像机为活动机位，记录活动、特写等；为了获得优质的影音资源，也应注意拍摄时的录音，应至少采用广播级专业话筒和相关设备进行立体声录音。影音格式要求为：①视频：参考使用 HDCAM、DVCPRO 等高清数字格式（表2）。②音频：参考使用 wav 等无损格式，采样率要求 96KHz（特殊情况不应低于 44.1KHz），量化精度 24bit，双声道立体声记录。

---

① 本部分设备标准与技术标准来源于《中国节日影像志体例规范》，主要撰稿人为中国社会科学院庞涛研究员与许雪莲。

表 2　参考摄像设备

- 索尼：HDCAM 格式全系；XDCAM – HD 格式全系；XDCAM – EX 全系；HDV 格式 HVR – Z5C 及以上
- 松下：P2HD 格式全系；AVCVAM 格式 AG – AC130MC、AG – AC160MC
- 佳能：XF300、XF305
- 数字电影机：SONY PMW – F3；CANON EOS – C300

（2）技术要求

①视频：拍摄素材要求画面水平垂直，亮度、颜色曝光正常。作为以磁带为媒介的素材，每盘开始要录 10 秒彩条，要尽量避免断磁。尽量不用自动白平衡和自动对焦，结合准确的手动曝光调整有助于提高素材的质量。

关于灯光的使用：注意尽量不要使用机头灯顺光拍摄，而是采用侧光拍摄；在光源基本足够的情况下，尽可能不使用机头灯；在设置光源时，采用点状、交叉布光，尽可能保持节日的原有现场感。面对仪式主要发生在夜晚的情况，除了注意布光，还要注意记录部分原有光源条件下的镜头，从而真实呈现活动原貌。

②音频：在田野作业中，要对录音工作高度重视，要求使用专业的外接有线、无线话筒，复杂情况使用多只话筒，进行分轨记录，或现场使用调音台混合成双声道立体声信号输送给录音机，录音机记录方式推荐使用硬盘记录，并及时备份硬盘数据。录音工作尽可能由专人负责，配备挑竿、防风罩、监听耳机等。

③场记：要求提供详细的场记，可配备专门人员记录场记，现场场记受条件制约的，可在事后或后期剪辑时详细补充。

在田野中完成了客观真实的资源采集，才能谈下一步的资源数据采集。

二、数据采集

（一）定义

数据采集所面向的对象不是具体的文化传承人或艺术形式，而是各类介质中的影像资料。影像资料的数据采集，是通过一定标准，利用特定的技术、设备，将原始资料转换成符合标准的数据，进而进行加工操作的过程。

根据数据的不同使用目的，数据采集也可再区分为两种类型，一是为了保存音像资料进行的完整数据采集，如为了将音像资料转换为数字信息进行的整体采集，或为了进行数字备份进行的采集等；二是为了剪辑作品或其他用途，仅进行部分资源的采集，这种部分采集，有利于节约磁盘空间，也有利于节约采集时间，两者对素材处理的具体要求与技术细节有一定差异。

（二）采集原则

数据采集应保持素材采集的准确性、完整性、及时性。从采集需求出发，要首先保证信息采集的准确性，尽管从不同介质的信号转换到数字信号会有一定误差，但应尽量使误差降低到最小程度。数据采集的完整性强调信息的完整，从音频、视频方面均需特别注意，并注意视频开始、过程、结束的完整度。根据采集目的的不同，还要注意时间的把握，采集是媒体资产管理体系的第一环节，及时快速地完成采集是保证后期工作的关键步骤。

（三）采集对象

由于实地资源采集者、采集时间、技术设备力量不同，形成的音像资料类型也非常多样化。在类型方面，大致区分为磁记录介质（录像带、磁卡，见图5）、光记录介质（光盘、蓝光盘）、半导体记录介质（P2卡，见图6）、硬盘记录介质等。由于民族民间文化艺术影视资源的收集整理主要在二十世纪八九十年代才开始展开，限于当时的技术条件，记录介质以磁记录介质为主。近年来，半导体介质、硬盘介质等手段逐步普及，但在地方文化系统，磁记录介质仍是主要手段之一。目前，中心数字化处理的音像资源有很大比例都是磁记录介质，有 VHS、U-matic、BETACAM SP、Digital BETACAM、HD-CAM、DVCPRO25m、DVCPRO50m 等多种格式磁带。即使是数字带依然存在"标清"（720*576）视频格式与"高清"（1920*1080）视频格式之分，二者在采集过程中的标准与技术细节依然有所区分。

图5 磁记录介质
（标清磁带、高清磁带等）

图6 半导体记录介质
（P2卡）

（四）采集设备

在视频采集工作中，专业的采集设备是开展工作的前提条件。

1. 软件

市场上有各种类型的非线性编辑软件，如 Avid、Edius、大洋非编、Sobey Nova、Final Cut Pro、Vegas、DPS Velocity、Adobe Premiere Pro 等，根据工作需求、条件的不同，可选择不同的软件。在我中心，由于面向技术水平差别较大、类型多样的采集对象，选择了更为通用的 Edius 系列软件，它可以涵盖更为多样化的格式，在采集和输出方面具有强大的实时性，在剪辑方面可实现多机位剪辑模式、HD/SD 混合格式编辑等，生成的影像具有自己的独特风格。此外，也配备有 Final Cut Pro、Sobey Nova、Avid 等软件，以适应不同需求。

2. 硬件

影视采集工作站在中央处理器、内存、硬盘等指标有较高要求，尤其是高清视频的采集工作站应达到市场较高配置。硬件部分的核心之一是视频采集卡，分辨率有 720＊576、1440＊1080、1920＊1080 等，分辨率越高，压缩比越小，视频文件越庞大。此外，若对视频资料有再加工需求，最好在采集时设置一台以上监视器，便于对视频资料颜色、字幕（上下高低效果）监视与调整，还应配备高质量音响系统，对视频中的声音大小、音色、音质进行监听。

（五）采集步骤

根据系统工作流程，数字化采集主要包括预处理、工作站采集、输出三步骤。

1. 预处理

预处理实际上就是正式采集入库前的准备工作，包含清洁、建立采集任务、修复处理三个步骤。

（1）清洁：由于存储时间过长、存储不当或运输会带来灰尘或磁粉脱落现象，这时可以对介质进行物理清洁。同时，还要注意对录机的磁头进行清洁，以下为运用磁带清洁机对磁带进行清洁的过程。

第一步　放入磁带

第二步　磁带输入

第三步　自动清洁过程

第四步　清洁完成

磁带清洁机可自动测定磁带脏、干燥等情况，每30秒至一分钟对磁带释放专用喷雾进行清洁。

（2）建立采集任务：在系统中建立采集任务记录，包含节目名称、入时点、时长等，同时，要把介质上的信息也记录进来，以便与采集后的资源相对应。例如，一张标清磁带上注明"1998年11月 苗年迎客"，则需要把这些信息记录到系统中，并加一个编号，形成完整记录。如果包含附件，还要进行附件处理，如扫描数字化。

（3）修复处理：如果介质存在损毁情况，要在专门的机构及早进行修复加工。

资料预处理是数字化采集的开始步骤，将要进行数字化的传统介质先进行审看处理，对于存在问题的介质进行修复处理，使其播放效果达到最好的状态。

2. 工作站采集

依据资料类型的不同，采集方式与细节不同。

（1）磁记录介质：首先要把记录信号为模拟格式或数字格式的磁记录介质放入播放设备，播放设备读取讯息，通过不同线路分流输出音视频信号给采集工作站，工作站生成标准码流数据。图7为录机读取讯息过程，图8为非线性编辑软件Edius的采集界面。

图7　录机读取讯息过程

图 8 Edius 采集界面

在非编系统中,应先进行工程设置,选择存储位置、命名,选择输出的视频分辨率,选择输出的音频采样率、声道,选择场序等,然后才可以进行数据采集。

针对数字带,往往根据媒资管理要求,需要对视频资料进行色彩、角度、声音调整或是字幕添加,如图 9 所示:

图 9 非线性编辑器编辑界面

(2)其他介质:以光盘存储的影像资源采集较为简单,通过光盘驱动器的信息读取,运用计算机复制功能即可实现资源的系统采集。半导体记录介质和硬盘记录介质可安插于专门的卡槽中,通过数据线即可连接工作站实现采集,半导体记录介质(p2 卡)的采集则需要专用的读卡器,再通过数据线连接进入工作站，详细步骤见图10、图11所示：

图10　将P2卡放入读卡器

图11　连接读卡器与工作站

3. 输出

经过预处理与工作站采集，可将数字化媒体数据从工作站中输出为需要的格式文件。前面提及对视频资料再加工和管理的不同需求，在数字化采集后的输出环节也存在相应差异。中心内部的数字化目标数据为 AVI 格式的 25Mbps（标清）、120

Mbps（高清）存储码流数据和采用 FLV 格式的流媒体检索码流数据，这种视频格式将语音和影像同步组合在一起，优点是可以跨多个平台使用。存储方式分为两种，一种是媒资管理库的数字存储，既要实现在线的数字硬盘备份，也要实现离线的磁带库备份；另一种是物理存储，即从采集工作站中输出 DVD、数字带、硬盘数据等。采集输出时需注意原磁带的保管和保护，同时保证数字化资料在媒资管理库的多重备份。

通过预处理、工作站采集、输出三个主要步骤，完成资源的数据采集——数据采集是民间文化影音资料管理工作的起点。

第二节 编 目

一、概念

在我国历史上，文献类的编目已有悠久历史，西汉刘向、刘歆所编《七略》是我国历史上第一部综合性图书分类目录，完成了完整严密的目录编制。① 在国际国内，图书类的编目发展较为成熟，从图书编目引入音视频编目，本书所指编目，更侧重于信息资源编目。

这里所指的"编目"，是按照一定的标准和规则，对信息资源的内容和形式进行分析、描述，形成条目，进而将条目按

---

① 参见纪陆恩、庄蕾波编《境外合作编目理论与实践》，北京：海洋出版社 2007 年 6 月版，p2。

一定顺序组织成目录的过程。具体的编目工作是对各类信息资源进行描述信息的著录，"其过程相当于为存储的数据资料创建文字描述索引，供将来资料的再利用"。[①]简单来说，编目就是把资料有序描述和组织的过程。

编目对于文化资产的有效利用非常关键，制定条目要从文化资源的特点出发，从使用者的需求出发，科学的编目可以使资源得到合理存储和利用。此外，民族民间文化艺术影视资料具有独特性，相关研究管理与广电系统有一定区别，例如，2008年北京奥运会开幕式上的茅古斯舞蹈表演，按电视节目编目，会将其描述为奥运会开幕式的26个舞蹈之一，包含名字、地区、舞蹈成员等常规属性，对它的服饰、领舞老者、跳舞时每个动作的含义等文化深层次细节不做具体考究，但从民族民间文化艺术的角度出发，恰恰关注的就是这些细节所承载的文化内涵。因此，针对民族民间文化艺术管理研究需求，需要建立自己的编目规范，也即应具备自己的数据编目规范和数据分类规范。

二、编目原则

制定视频资料编目标准是为了用户更充分地分享、利用信息资源，因此应遵循如下的编目原则。

（一）科学性

从民族民间文艺资源每种类型的特性出发，结合影像资源特点，详细记录资源结构和内容，同时考虑资源本身的整体

---

① 引自宋培义著《数字媒体资产管理》，北京：中国广播电视出版社2009年版，p46。

性，为客观完整的完成资源编目，制订科学的元数据及编目工作规范。

（二）实用性

民族民间文艺视频资料往往涉及到一些专业性知识与概念，更应在使用互动中提高编目的专业性与实用性，特别是在结构域格式的设计、元素的增加与取舍、语义规则的制定等方面，尽可能从实际应用的角度出发，增加系统与应用间的交互。

（二）易操作性

过于繁复的编目影响工作效率，除专业编目人员外，还要考虑到其他一些相关人员，如编导、记者、研究者、视频资料参与拍摄者等，要便于他们的理解与操作。当然不应为简单性而失去对专业性的追求，避免标引不够精确，降低检索的准确度和精度。

二、编目标准

（一）元数据标准

制定编目需要依据一定的通行标准，在媒体资源领域，可依循的有"标准媒体交换框架"（Standard Media Exchange

Framework，简称 SMEF）和 P/META①、MPEG-7、电影与电视工程师学会（Society of Motion Picture and Television Engineers，简称 SMPTE）元数据字典②、都柏林核心（Dublin Core，简称 DC）元数据集等。目前较为通用的是都柏林核心元数据集，该元数据集包含 15 个元数据元素，即标题、创建者、主题、描述、出版者、贡献者、日期、类型、格式、标识符、语言、来源信息、关联、覆盖范围、权限，每个元素都具有扩展性，可以根据不同行业、领域做出不同的语义表示，目前我中心的数据库主要均采用了都柏林核心元数据集的框架。以 2010 年与甘肃省文化艺术研究所合作完成的"戏曲剧目视频著录标准"为例，根据戏曲剧目特点，项目组从 DC 衍生了戏曲剧目通用元数据、分类元数据（详细见表3）。

从都柏林核心元数据集出发，中心的数据库设定了名称、责任者、分类、民族、主题、描述、时间、空间、资源类型、格式、标识符、来源、语种、关联、权限管理、著录信息 16 个通用元数据集。从通用元数据出发，可以根据入库资料的特点再制定分类元数据，如表 3 所示，根据戏曲剧目的情况，项目组设定了 23 个数据库分类元数据。而对于视频资源，都柏林核心元数据集是编目的出发点、参考体系，也是存储管理的对接点。

---

① 参见［德］安德烈斯·毛特/彼得·托马斯著，宋培义/严威译《数字媒体资产管理系统》，北京：中国传媒大学出版社 2008 年 6 月版，p88。
② 参见宋培义．《数字媒体资产管理》，北京：中国广播电视出版社 2009 年 10 月版，p7。

表3 戏曲剧目视频著录项目列表

通用元数据	分类元数据	元素修饰词	著录说明
1. 名称	1. 剧名	剧名	
		别名	别名/方言/民族语言名称
2. 责任者	2. 表演者	主演	主演及所饰角色
		主奏	主奏及主奏乐器
		演出团体	
	3. 创作者	编剧	
		导演	
		作曲	含编曲、创腔、音乐设计、唱腔设计等
		舞台美术	
		其他	含整理改编者
	4. 出版者	策划	
		编辑	
		出品	
		发行	
		其他	
	5. 其他责任者	采集者	调查者、录制者等,包含个人及机构
		编辑者	对采集后的资源进行编辑加工者
		其他	
3. 分类	6. 剧种		
	7. 声腔		
4. 民族	8. 民族		
5. 主题	9. 主题/关键词	关键词	
		关键句	

通用元数据	分类元数据	元素修饰词	著录说明
6. 描述	10. 描述	剧情简介	时间、地点、人物、主要事件等
		历史与现状	
		艺术特点	
		获奖状况	
		其他	
	11. 剧目属性		传统·折子戏/传统·本戏/传统·小戏/新编戏（现代戏）/改编戏
	12. 剧目类型		唱功戏、做功戏、武戏、二小戏、三小戏等
7. 时间	13. 时间	创作时间	首演时间、修改时间
		出版时间	
		馆藏时间	
		创建时间	录制、数字采集时间
		发布时间	
		修改时间	
		可获得时间	
8. 空间	14. 空间	创作地点	创作地点、首演地点
		民俗空间	
		创建地点	
		出版地点	
		馆藏地点	
	15. 受众		资源适宜人群
9. 资源类型	16. 资源类型		文本/图片/音频/视频等

通用元数据	分类元数据	元素修饰词	著录说明
10. 格式	17. 格式	时长	
		源载体	载体、品牌、型号
		现载体	载体数字格式、大小
		技术细节	
11. 标识符	18. 标识符	版本号	
		内部编号	
12. 来源	19. 来源		
13. 语种	20. 语种		
14. 关联	21. 关联	包含	
		包含于	
		参照	剧目文本、照片等
		被参照	
		其他版本	
		原版本	
		其他格式	
		原格式	
15. 权限管理	22. 权限管理		
16. 著录信息	23. 著录信息	著录时间	
		著录地点	
		著录者	包含个人及机构

(二) 分类标准

《广播电视资料分类法》是国家音像资料馆和各大电视台的音像资料数据分类规范，它针对的是电视台播出的电视栏目音像资料，由于文化研究工作内容和搜索时的侧重点、考察的内容和文化要素等与电视台播出的电视栏目信息有着很大的区别，因此需要根据自己的工作范畴确立自己的分类法。

依据民族民间文化艺术特点，我中心于2002年实施科技基础性工作专项"中国民族民间文艺基础资源拯救"项目，对戏曲、曲艺、传统音乐（民间歌曲、器乐、宗教音乐）、民间舞蹈、民间文学（民间故事、谚语、歌谣）进行了分类标准研究，初步制定了该范围的分类标准，共划分九个题级、2505个类目：第一题级为5个类目，包含戏曲、曲艺、传统音乐、民间舞蹈、民间文学，第二题级为43个类目，第三题级为154个类目，第四题级为111个类目，第五题级为172个类目，第六题级为699个类目，第七题级为808个类目，第八题级为398个类目，第九题级为115个类目，共2505个类目，确定了基础性的并较为稳定的民族民间文艺资源分类标准，目前在民间美术、文化空间、民俗（节日、史诗）方面还在持续进行分类标准的研究。

根据影像资源特点，初步设定中心的编目分类标准如下：

1. 按内容分类

有5大项45小项，此外，在每一大项下设有自定义项，具体为：

（1）生产劳动：农耕、游牧、狩猎、渔业、工商、交通、自定义。

（2）社会组织：民间政治、社团组织、亲属关系、自定义。

（3）文学艺术：音乐、舞蹈、戏曲、曲艺、故事、歌谣、史诗、谚语、工艺、美术、服饰、乐器、道具、自定义。

（4）知识体系：科技、自然、医药、哲学、宗教、法律、历史、教育、自定义。

（5）生活民俗：饮食、语言文字、建筑、礼仪、节日、体育、娱乐、实物、动物、环境、自定义。

2. 按形式分类

有5项，具体为：

（1）文化艺术；

（2）调查采访；

(3) 会议演出;

(4) 风光;

(5) 自定义。

在分类时,可以交叉选择,或进行自定义,以保证信息描述的全面与完整。

确定了分类标准之后,可以在媒资系统中进行设定,并添加分类法,如图12所示:

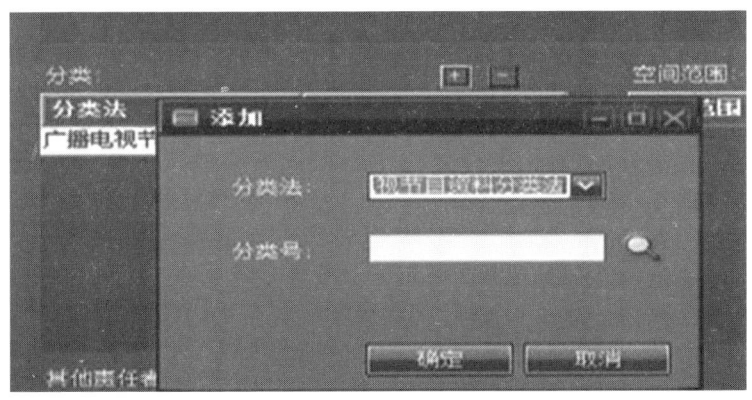

图12 添加分类法界面

(三) 编目规范

根据民族民间文化研究特点,视频资源很大程度来源于田野采集,在田野工作完成之后,需要由拍摄者或调查人员先完成视频场记,繁复的后期编目则留待资源数字化采集后进行,在这一阶段可由专门的编目团队进行详细的编目,以适应媒资库的海量素材检索需求。

因此,编目可设计为两个阶段,分别是田野编目和后期编目(详细著录规范见附件1《田野编目规范/场记规范》)。

1. 田野编目(或称为"场记规范")

(1) 素材场记单

①使用存储卡拍摄的,使用以下场记单:

① 使用存储卡拍摄的，使用以下场记单：

文件编号	文件路径	景别	名称	民族	主题	类别	内容	人物	语言	时间	地点	环境	格式	设备	编导	采访	翻译	拍摄者	登录者	审核者	备注

② 使用磁带拍摄的，使用以下场记单：

编号	盘号	时码	景别	名称	民族	主题	类别	内容	人物	语言	时间	地点	环境	格式	设备	编导	采访	翻译	拍摄者	登录者	审核者	备注

（2）人物场记单

对影像中出现的重要人物及访谈对象，需首先填写素材场记单，再填写人物场记单，两份场记单的编号和盘号应保持一致。

① 使用存储卡拍摄的，使用以下场记单：

文件编号	文件路径	姓名	性别	民族	年龄	籍贯	学历	职业	宗教信仰	身份	住址	联系方式	简历	影像描述	备注

② 使用磁带拍摄的，使用以下场记单：

编号	盘号	时码	姓名	性别	民族	年龄	籍贯	学历	职业	宗教信仰	身份	住址	联系方式	简历	影像描述	备注

考虑到前期拍摄团队的习惯,在田野阶段的编目主要采用拍摄人员熟悉的编目词汇,例如盘号、时码、景别等,有利于他们的理解和填写。并在,在表格设计中,将存储信息、内容信息、调查信息三类做一定区隔,适应于他们填写的逻辑顺序,也便于他们在 excel 表中做批量处理。

2. 后期编目

国家广播电影电视总局于 2004 年发布的广播电影电视行业标准《广播电视音像资料编目规范第一部分:电视资料》(GY/T202.1-2004)是国内各级广播电视系统的通用规范,该标准同样以都柏林元数据集为基础,对视频资源的采集、制作、存储、交换、播出、接收等环节做出了系统规定。并且,在视频的编目中,分为节目层、片段层、场景层、镜头层四个层次进行著录(编目层级见图 13)。其中,节目指具有独立主题意义的完整的视频资料,片段指节目中有关联的一段视频,场景指有一个相关时空关系的镜头组合,镜头指一台摄像机一次摄录的连续画面。在进行编目时,首先要对节目层进行著录,其他层次可以根据需要进行著录。

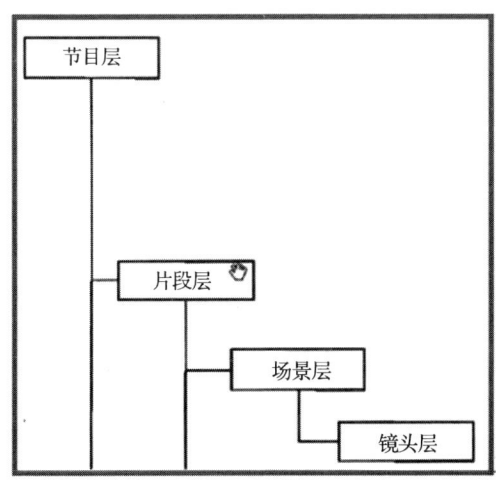

图 13 编目层级

在广电标准中,节目层包含题名、主题、描述、创建者、其他责任者、出版者、版权、语种、日期、类型、格式、标识符、时空覆盖范围、来源、关联 15 项元素,片段层包含题名、主题、描述、创建者、其他责任者、出版者、版权、语种、类型、格式、标识符、时空覆盖范围、来源、关联 14 项元素,场景层包含题名、主题、描述、格式、关联 5 项元素,镜头层包含题名、主题、描述、日期、格式、关联 6 项元素,有关著录规范在《广播电视音像资料编目规范第一部分:电视资料》(GY/T202.1-2004)中有详细说明。

在广电标准的第一层元素项下,又分有 1~2 层的修饰词,根据修饰词,方可对照填入信息。如节目层下有 68 个一级修饰词,42 个二级修饰词,具体如题名下分有"正题名"、"并列正题名"、"副题名"、"交叉题名"、"题名说明"、"系列" 6 项一级修饰词,而"系列"下又分有"系列题名"、"分集总数"、"分集次"、"并列系列题名" 4 项二级修饰词。编目详细,有利于不同性质的影视制作者选择使用。但有一部分编目标准基本采用都柏林元数据集原用词汇,未结合视频资源情况进行引申,不利于填写,如在"关联"元素项下,分有"系列的组成部分"、"组成部分"、"部分为"、"参考"、"被参考"、"替代"、"被替代"、"需求"、"被需求"、"版本继承"、"版本关联" 11 个修饰词,每个修饰词都有特定含义,但交叉度较大,不利于编目者理解及填写,需要根据资源特点再细化。

广电标准的四层编目详细全面,但在实际工作中较为繁复,尤其是几个层级之间交叉度也比较大,如片段层、场景层之间的界分就有一定交叉。事实上,通过底层片段或镜头的编目,将其通过逻辑搜索连接在一起,即可形成节目层。因此,结合民族民间文艺资源情况,民族民间文艺资源媒资库的后期编目规范设定为片段或镜头的编目,编目层级只有一层,编目项如下：

（1）编目项包含：编号、名称、民族、主题、类别、内容、人物、语言、时间、地点、环境、时码、格式、设备、离线档案存储位置/盘号、景别、编导、采访、翻译、摄像、录音、所属项目名称、版权、来源、关联、登录者、审核者、备注28项（详细说明见表4）。

（2）在"人物"项下，还会下设第二层编目项，内容包含编号、姓名、性别、民族、年龄、籍贯、学历、职业、宗教信仰、身份、住址、联系方式、简历、影像描述、备注15项（详细说明见表5）。

表4 民族民间文艺资源后期编目项

序号	编目项	说　　明
1	编　号	素材在媒资库中的唯一标识符
2	名　称	民俗活动名称，例【藏历新年】、【跳傩】。如有别名，可用顿号"、"间隔进行多项标明
3	民　族	拍摄对象所属民族，例【傣族】。如其支系较大或较特别，可加括号标明支系名称，例【傣族（花腰傣）】
4	主　题	本段素材的主题，例【焚香】、【打锣】
5	类　别	本段素材内容类别，分生产劳动、社会组织、文学艺术、知识体系、生活民俗5大项45小项，形式分类为文化艺术、调查采访、会议演出、风光、自定义5项。在分类时，可以交叉选择，或进行自定义，以保证信息描述的全面与完整。
6	内　容	影像说明，或人物对话。首先应对影像内容进行概要说明，其次，如影像中有人物使用方言或少数民族语言对话，应对对话内容简要翻译，如在同一镜头有多人对话，要对应说明说话者及其说话内容
7	人　物	拍摄到的主要人物姓名，例【李红辉】、【查尔卓玛】。

序号	编目项	说　　明
8	语　言	拍摄对象所述语言类别，以民族语言划分，例【满语】、【藏语】
9	时　间	影像拍摄时间，例【2010年2月14日早上10点】。如有民族历法或有特定计时方式，可加括号加以说明，例【20100214（农历正月初一）】、【20080103（虎日）】
10	地　点	影像拍摄地所处行政区域，格式为省名+县市名+乡镇名+村名，即【＊＊省＊＊县＊＊镇＊＊村】
11	环　境	影像具体拍摄地点或所处环境，包含山川、河流、庙宇、家户名、标志物名或某地录音棚等，例【妙峰山上】、【傩庙内】、【张家灶间】、【云南电视台1号录音棚】
12	时　码	起讫时间以半角横线隔开，例【00003306 - 00013304】
13	格　式	影像记录格式，例【HDCAM】、【DVCPRO】、【HDV】
14	设　备	拍摄设备型号
15	离线档案存储位置/盘号	离线数字文件的存储位置，或磁介质标识符等
16	景　别	【特写】、【近景】、【中景】、【远景】、【全景】
17～21	编导、采访、翻译、摄像、录音者	n影像的编导、采访、翻译、摄像、录音人员姓名
22	所属项目名称	如【中国节日影像志】、【中国史诗百部工程】
23	版　权	本段素材版权所有者、版权所有相关信息
24	来　源	素材资源提供者或机构
25	关　联	相关素材、成片、项目信息，如【古尔邦节】素材的关联信息为其作品【献牲】
26～27	登录者、审核者	本条场记登录者、审核者姓名
28	备　注	其他补充说明

表5 民族民间文艺资源后期编目项（人物信息）

序号	编目项	说明
1	编号	人物在媒资库中的唯一标识符
2	姓名	如有多个姓名，应首先注明常用姓名，再可用顿号"、"间隔进行多项标明。对于少数民族姓名，应注意进行完整记录，由于民族语言出现转写差别的，可以记录多种转写姓名，并用顿号"、"间隔进行多项标明
3	性别	人物性别
4	民族	五十六个民族的族称，例【傣族】。如其支系较大或较特别，可加括号标明支系名称，例【傣族（花腰傣）】
5	年龄	格式为标明出生年月日的【19501001】，不清楚出生日期的，可标明大致岁数，如【约50岁】
6	籍贯	格式为省名+县市名+乡镇名+村名，即【＊＊省＊＊县＊＊镇＊＊村】
7	学历	正式学历或相应文化程度
8	职业	所从事的工作类别，可为农民、工人、商人、教师、演员、僧侣、研究者等
9	宗教信仰	所信仰宗教名称。如可细化到宗教教派，可加括号标明教派名称
10	身份	仪式主持者、组织者、祭司等身份，包含民众对该人物身份的地方语言称谓，如【会首】、【玛纳斯奇】
11	住址	邮政地址
12	联系方式	电话号码、电子邮件等
13	简历	个人主要经历及与史诗相关的主要经历
14	影像描述	人物在影像中的形貌，以便与他人区分，例【穿黑衣者】
15	备注	其他补充说明

（四）编目标准之间的对应与互换

由于民族民间文艺资源编目项也以都柏林核心元数据集为重要参照标准，因此可以与广播电视节目资料编目标准之间建立对应关系，从而使两种体系可以实现畅通的数据互换，对应关系表见表6。

依据对应表，可以在数据库底层建立两种标准的对等关系，实现数据共享。在进行编目时，可以根据编目人员习惯，选择民族民间文艺资源编目项，也可选用广播电视节目资料编目项，实现系统之间的灵活互换关系。

表6 编目标准对应关系表

序号	民族民间文艺资源编目项	广播电视节目资料编目项
1	编号	标识符
2	名称	题名
3	民族	广电标准无此项，可考虑对应到"描述"下的"内容描述"
4	主题	主题
5	类别	类型
6	内容	"描述"下的"内容描述"（与"民族"、"内容"分别都出现对应关系）
7	人物	"描述"下的"主题人物"
8	语言	语种
9	时间	"描述"下的"事件发生日期"
10	地点	"时空覆盖范围"下的"空间范围"
11	环境	"时空覆盖范围"下的"空间范围"
12	时码	"格式"下的"时长"、"入点"
13	格式	"格式"下的"文件格式"

序号	民族民间文艺资源编目项	广播电视节目资料编目项
14	设备	广电标准中无此项,可考虑对应到"格式"下的"载体类型"
15	离线档案存储位置/盘号	广电标准中无此项,可考虑对应到"关联"
16	景别	"描述"下的"景别"
17	编导	创建者
18~21	采访、翻译、摄像、录音	其他责任者
22	所属项目名称	"题名"下的"系列"之"系列题名"
23	版权	版权
24	来源	来源
25	关联	关联
26-27	登录者、审核者	其他责任者
28	备注	广电标准无此项,可考虑对应"描述"下的"附件"

四、民族民间文艺资源编目特点与优势

(一)特点

1. 增加特色编目项

较之广电标准,本编目标准增加了民族、设备、离线档案存储位置三个重要信息,并增加了一个开放项"备注"。强调民族属性,是民族民间文化的重要研究维度。标明拍摄设备,有利于了解源文件信息。离线档案包含源文件或备份文件,源

文件对于数据源具备重要价值，而备份文件则出于数据安全的考虑，在媒资系统中，增加存储位置这一档案信息具有重要价值。"备注"用于填写未归类信息，旨在建立更为开放的信息项。

2. 层级简单

在编目项中，本编目标准仅采用一个层级的编目项即可完成编目工作。在广电标准中，具有元素名称、修饰词两个层级（部分修饰词下还有分级修饰词），在填写时，还要注意区分交叉信息，在填写时相对复杂。

3. 适用性强

田野编目由拍摄人员完成，后期编目由后期专业编目人员完成，每种编目适应于不同人员的使用，在填写逻辑、编目名称、语言等方面充分考虑了填写人员的习惯，适用于不同人群。在底层建立与广电标准的对等关系后，还可实现不同编目标准的互换，让不同人群灵活使用。

由于拍摄团队已经事先完成了田野编目，且田野编目项与后期编目项有较大重合，因此将田野编目完成的 excel 表批量导入媒资库中，后期编目的工作量可大大下降。

五、编目流程

目前中心资料的编目工作流程归纳总结如下：

1. 素材通过 Edius 和 Avid 上载的编目流程，如图 14 所示：

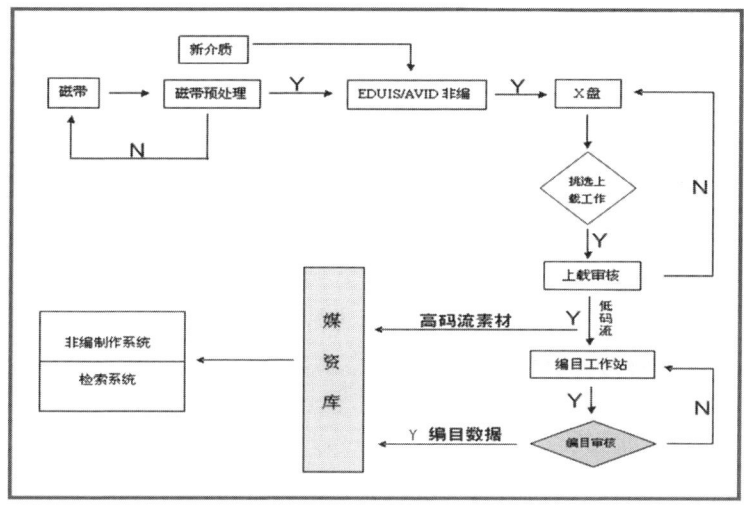

图 14　Edius 和 Avid 上载的编目流程

2. 素材通过 Sobey 系统上载的编目流程如图 15 所示：

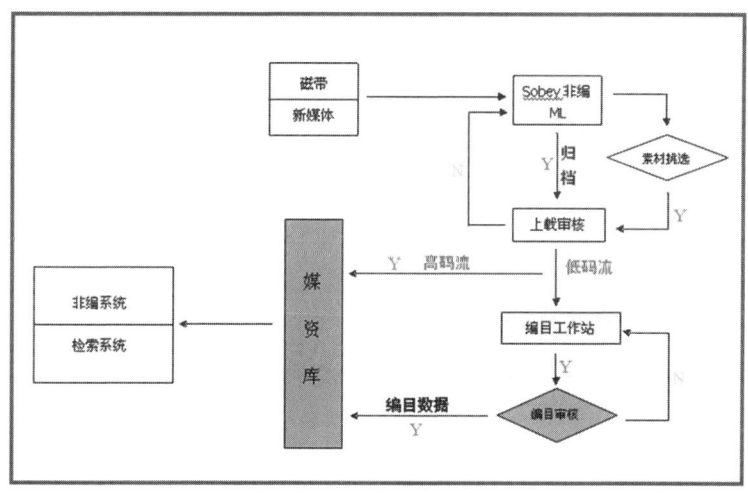

图 15　Sobey 系统上载的编目流程

六、编目示例

以下,用 2011 年在新疆拍摄古尔邦节的一段素材进行编目为例。

(一)素材内容

调查组在新疆喀什市考察古尔邦节情况,并目睹了艾提尕尔清真寺集合礼拜的宏大场景(图 16)。礼拜结束后,市民在广场上表演,调查组和当地群众进行了访谈交流。

图 16　新疆喀什市艾提尕尔清真寺集合礼拜

(二)流程

1. 挑选素材

把这段素材录入媒资库,首先要进行素材的挑选,素材的挑选是进行编目的第一步,在这个过程中要判断这种素材的类型及介质。中心目前有三种上载方式,第一种是通过 Edius 软件采集素材,第二种是通过 Avid 采集素材,第三种是通过索贝媒资系统 Sobey 的网络非编软件采集素材。

通过这三种方式获得素材,在上载时采集视频的格式会有不同的要求和限制。上载标清素材时,Edius 需要采集成 DVCPro25 或 50 编码的 AVI 格式;Avid 需要采集成 DNX 格式,Sobey 则没有要求;上载高清素材时,用 Edius 采集的素材不能直接被挑选,需要在 Edius 非编里生成 p2 文件或者 XDcam-HD4∶2∶2(mxf)文件;Avid 也需要采集成 DNX 格式;Sobey 则可以直接被挑选。因此在工作中如果视频要入媒资库,最佳的选择是用 Sobey 自己的非编软件采集,这样可以避免与 Sobey 媒资软件格式兼容的问题。

Edius 和 Avid 软件采集的视频在挑选的时候必须先放到网络的 x 盘才可以进行入库,放到其他的盘里无效,也不会被识别。Sobey 非编可以将上载到 ML(网络非编库)的素材直接归档,或者直接从挑选软件中挑选。

因为此次拍摄用的是松下 AG - Hpx260 的 P2 卡摄像机,所以先进行上载(图 17),选择 Sobey 的 p2 上载中心(图 18)。

图 17 Sobey 非编的上载界面

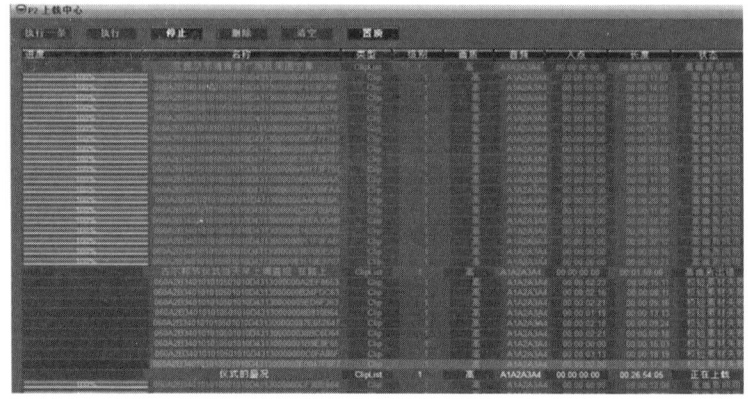

图18 P2上载中心界面

上载完成后,这些素材进入到 x 盘 ML 中的上载素材文件夹里,此时打开媒资的挑选软件进行素材的挑选,如图19所示。

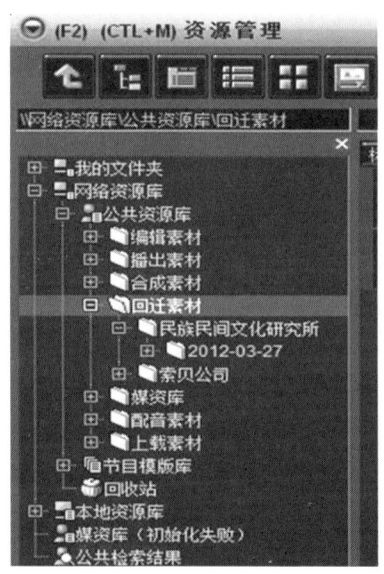

图19 媒资管理文件夹

把认为有价值的镜头,进行挑选、分类、整合及重命名,对素材进行命名非常重要,关系到素材内容的框定和以后的搜索。

如上面举例这段素材在进入素材挑选时命名为：2011年新疆古尔邦节田野调查（01、02、03、04……等继续往下编号），这样在搜索和排列时会比较有条理。

2. 素材编目

以下按照广电标准和中心规范分别进行编目，以比较其特点。

首先，按照广电标准，按照节目层、片段层、场景层、镜头层四个层次对这段素材进行编目。

（1）节目层

正标题：古尔邦节田野调查　　　　　　　　　必填

副标题：古尔邦节在喀什市区的情况　　　　　非必填

并列正标题：肉孜节、宰牲节　　　　　　　　非必填

交替题名：新疆少数民族节日田野调查　　　　非必填

主题词：古尔邦节、新疆、节日　　　　　　　必填

民族：维吾尔族、回族等　　　　　　　　　　必填

关键词：艾提尕尔清真寺、礼拜、仪式　　　　必填

主题人物：　　　　　　　　　　　　　　　　非必填

发生时间：2011年11月28日　　　　　　　　必填

发生地点：新疆喀什市　　　　　　　　　　　必填

空间范围：艾提尕尔清真寺、路上、当地村民家里　必填

分类：节日、宗教、调查采访　　　　　　　　必填

内容描述：古尔邦节是伊斯兰教三大节日之一，古尔邦节清晨的礼拜，是一年中规模最大的一次礼拜，所有的成年男子都要去当地的礼拜寺参加聚礼，喀什艾提尕尔清真大寺前的大聚礼尤其闻名。调查组在调研完仪式过程之后，又先后到了市民家中调研。

时长：15分钟　　　　　　　　　　　　　　　必填

入点：00：00：23：01

同期声录制：是　　　　　　　　　　　　　　必填

组成部分：2011 年新疆古尔邦节田野调查　　　　　　必填

创建者名称　　责任方式　　其他信息　　　　　　必填

王华振　　　　摄像　　文化部民族民间文艺发展中心

色彩：彩色　　　字幕形式：无字幕　　　　　　　必填

声道：2　　　声道编号：1，2　　声道语种：河北方言

　　　　　　　　　　　　　　　　　　　　　　　必填

声音质量：高　　音频编码格式：pcm

数据码率：128kbps　　　音频采样频率：48khz　　必填

画面质量：高　　载体类型：p2　　制式：PAL　　视频码率：100mbps　　　　　　　　　　　　　　　　必填

视频编码格式：avc‑I 100/50　　采样格式：4：2：2　文件格式 mxf　　　　　　　　　　　　　　　　　必填

获取方式：拍摄　　　　　　　　　　　　　　　非必填

版权声明：版权所有，违者必究　版权所有者：文化部民族民间文艺展中心　　　　　　　　　　　　　　非必选

授权使用者名称：　使用方式：素材　　使用次数：

　　　　　　　　　　　　　　　　　　　　　　非必选

在媒资库节目层中还有以下这些条目，因为很少用到，可以先隐藏起来，如：

分集数　分集总数

首播日期　制作完成日期

出版日期　出品地　出品者名称　出版地　出版者

声道内容　声道编号

版本说明　栏目期次　栏目名称　年度　版本继承　版本关联

获奖者　年度　届次　颁奖日期　奖名　奖项

其他责任方式　其他责任并列名　其他信息　其他责任者名称

年代描述　结束年份　开始年份

被代替　系类组成　替代　部分为　被需求　参考　被参考　需求等。

（2）片段层

市民在艾提尕尔清真寺做清晨的礼拜，聚礼之后，乐师们登上艾提尕尔清真寺的寺顶，敲起纳格拉（铁壳鼓），吹起苏奈依（唢呐），在大寺前的广场上，男子们跳起了舞蹈。单独作为一个片段，那么这段的编目如下：

时长：1分钟　　入点：00：00：02：01

字段	必填/非必填
同期声录制：是	非必填
正标题：新疆艾提尕尔清真寺前聚礼	必填
交替题名：古尔邦节仪式	必填
主题词：聚礼、古尔邦节	必填
关键词：艾提尕尔清真寺、仪式、宰牲节	必填
分类：节日、宗教、舞蹈、乐器	必填
民族：维吾尔族、回族等	必填
主要人物：	非必填
空间范围：艾提尕尔清真寺、寺顶、广场	非必填
内容描述：	必填

市民在艾提尕尔清真寺做清晨的礼拜，聚礼之后，乐师们登上艾提尕尔清真寺的寺顶，敲起纳格拉（铁壳鼓），吹起苏奈依（唢呐），在大寺前的广场上，男子们跳起了舞蹈。

字段	必填/非必填
组成部分：古尔邦节田野调查	必填
发生时间：2011年11月28日	必填
发生地点：中国新疆喀什	必填
声　　道：2	必填
声道语种：1. 汉语；2. 汉语	必填
字幕形式：默认为无	非必填
字幕语种：默认为无	非必填
资料获取方式：拍摄	非必填

资料提供者：无　　　　　　　　　　　　　　非必填

版权声明：版权所有，违者必究　　　　　　非必填

版权所有者：文化部民族民间文艺发展中心　非必填

在媒资库片段层中还有这些条目，可以把这些隐藏，在需要用的时候再添加。如：

节目形态　国际音像制品编码　标示代码

获奖者　年度　届次　颁奖日期　奖名　奖项

出版日期　出品地　出品者名称　出版地　出版者

（3）场景层

乐师们登上艾提尕尔清真大寺的寺顶，敲起纳格拉（铁壳鼓），吹起苏奈依（唢呐），此内容比较有价值，那么再做一个场景的编目：

时长：30秒　　入点：00：00：00：12

同期声录制：是　　　　　　　　　　　　　必填

标题名：乐师在寺顶演奏　　　　　　　　　必填

分类：节日、宗教、乐器　　　　　　　　　必填

民族：维吾尔族　　　　　　　　　　　　　必填

主要人物：乐师　　　　　　　　　　　　　非必选

主题词：乐师、仪式、乐器　　　　　　　　必填

关键词：纳格拉、铁壳鼓　　　　　　　　　必填

内容描述：乐师们登上艾提尕尔清真大寺的寺顶，敲起纳格拉（铁壳鼓），吹起苏奈依（唢呐）。　　　　　必填

发生时间：2011年11月28日　　　　　　　非必填

发生地点：中国新疆喀什　　　　　　　　　非必选

组成部分：2011新疆古尔邦节田野调查　　　必填

（4）镜头层

如果到这里感觉里面有一个镜头比较突出，比如，艾提尕尔清真寺的镜头也比较好，那么再加镜头层编目：

镜头名：艾提尕尔清真寺外观　　　　　　　必填

组成部分：2011年新疆古尔邦节田野调查	必填
主题词：清真寺	必填
关键词：艾提尕尔清真寺	必填
分类：建筑、宗教	必填
内容描述：艾提尕尔清真寺的外貌	必填
拍摄的方式：固定镜头	必填
角度：仰视	必填
景别：全景	必填

做编目时，如果设置的必选项没有填写完毕，就不能离开界面进行下一步骤，所以可以把不常用的条目放到节目层的最后，设为非必填项。如果用到了就用，用不到就略过，可以把必选项排到编目的第一页，打开界面就能进行填写，不用再翻页会更加的方便与快捷。

对于一次拍摄回来的资料，关于素材的格式、设备等选项，所要填写的内容基本是一样的，所以在填写完一个之后可以设置成默认值，这样就可以避免重复填写。

按照中心的编目规范，则不论是片段、场景还是镜头，根据拍摄到的内容的丰富性或意义，就可以单独编目。例如，乐师吹奏苏奈依的片段记录得比较详细，且意义丰富，可以单独形成编目。通过连续的片段、场景或镜头，就可以构成节目层。通过一次编目，可快速完成广电的四层编目，这样也极大节约了工作时间。

同样是这段素材，可分为艾提尕尔清真寺集合礼拜、市民在广场上表演、调查组和当地群众进行了访谈交流三段进行编目。而由于礼拜场景拍摄的内容较为丰富，可再分为乐师登上清真寺顶、敲打纳格拉、吹奏苏奈依、群众集体礼拜四段进行编目。例如，对乐师登上清真寺顶这一段素材进行编目，则编目内容如下表7。

表7 古尔邦节田野调查·乐师登上清真寺顶 片段编目信息

序号	编目项	说明
1	编号	(略)
2	名称	古尔邦节田野调查、肉孜节、宰牲节
3	民族	维吾尔族
4	主题	乐师登上清真寺顶
5	类别	生活民俗/节日、乐师登上清真寺顶
6	内容	乐师整理衣物，听从指令，拿起乐器，依次排列，登上清真寺顶
7	人物	乐师
8	语言	维吾尔语
9	时间	2011年11月28日
10	地点	新疆喀什市
11	环境	艾提尕尔清真寺
12	时码	000000012－000003011
13	格式	HDCAM
14	设备	AG－Hpx260
15	离线档案存储位置/盘号	档4－56/JRZ20110345
16	景别	中景
17	编导	李松
18	采访	曼拜特
19	翻译	热拉
20	摄像	王华振
21	录音	王华振
22	所属项目名称	中国节日影像志
23	版权	文化部民族民间文艺发展中心
24	来源	文化部民族民间文艺发展中心
25	关联	古尔邦节田野调查纪录片
26	登录者	王华振
27	审核者	许雪莲
28	备注	(略)

第三节 存 储

视频资料经过数年的积累,无论是来源、种类还是存储量都很庞大,要使资料得到有序的保存和利用,需要建立一套完善的存储管理机制,使得资料存储规范化。因我中心采用了索贝媒体资产系统进行资源的存储管理,以下结合索贝媒资系统运营维护资料进行说明。

一、媒资系统的硬件配置

(一)站点信息(见图20,来自索贝运营维护文档)

服务器描述	设备名	IP 地址	系统环境	服务器类型	硬盘数量	硬盘类型
数据库服务器	database	192.168.0.82	win2003 sp2 域控服务器 DB2数据库建服务端（备用） 制作系统组建服务（备用） FIMAS 客户端	DELL R710	5	300G SAS
媒资主服务器	APPserver	192.168.0.80	win2003 sp2 媒资应用服务 媒资任务流程监控 制作网管（备用） FIMAS 客户端	DELL R710	4	300G SAS*3
流媒体服务器 转码服务器 媒资组件服务器 媒资业务平台服务	Trancole	192.168.0.83	win2003 sp2 DB2数据库管客户端 流媒体服务 媒资业务平台服务 FIMAS 客户端	DELL R710	6	250G SATA*2 1T SATA*4
FIMAS 服务器	FIMAS	192.168.0.85 192.168.0.86 192.168.0.87 192.168.0.88	win2003 FIMAS 服务端	Dell R310	1	250G SATA
Mlserver 服务器	MlServer	192.168.0.81	win2003 mls 服务 FIMAS 客户端	Dell R410	1	250G SATA
NAS 服务器	NAS	192.168.0.84	win2003 FIMAS 客户端	Dell R410	2	250G SATA
编目工作站	catalogue-1	192.168.0.90	win7 检索客户端 编目客户端 FIMAS 客户端	HP 2800	1	500G SATA

图 20 媒资系统的配置表

（二）机柜布局（图21）

图21　媒资系统的机柜位置

（三）工作网络图（图22，来自索运营维护文档）

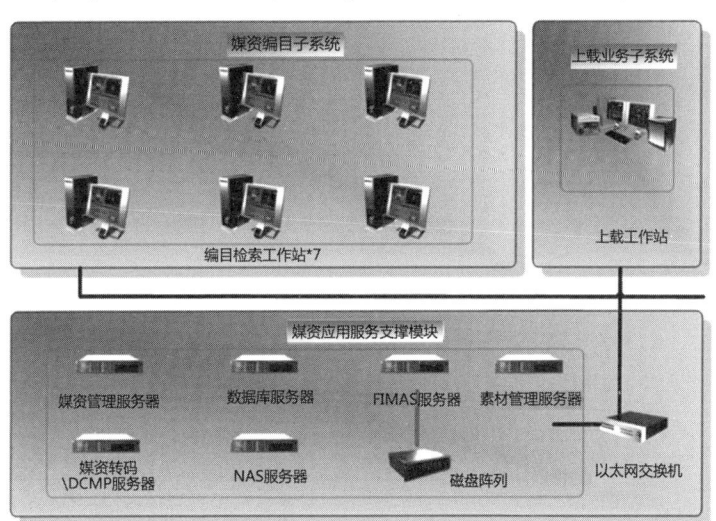

图22　媒资系统的网络图

二、素材存储类型

（一）前期的采集存储

如前所述，本书所指采集包含两个层面，一是在实地调查中完成的拍摄采集，二是将磁带、存储卡上的原始数据转换为符合标准的数据的过程。

对于前期拍摄的项目，应按照有关项目规定，采用等于或优于项目规定的机型，选择合理的格式进行拍摄，确保素材的质量。对于不可重复且很有价值的音乐、舞蹈、节日等，在条件允许的情况下，优先使用先进的设备，确保资料录制的高标准。

1. 卡式存储

在完成拍摄之后，首要任务是把拍摄完成的素材做到有秩序的采集和上载到媒资库，这对用 p2 卡等介质存储的摄像机拍摄项目很有必要。目前拍摄组普遍开始采用便携卡式高清机，每次出去拍摄会拍几百个 G 甚至几个 T 的视频素材，拍摄完成后的素材要及时的上载到媒资库，使存储卡和移动硬盘尽快得到再利用。如果不能及时完成上载，下次外拍又要购买新的硬盘，这样增加了物力，降低了媒资系统大空间存储的优越性。

目前，在进行外拍采集时，一般可以携带一套暂时存储素材的设备，包含 p2 读卡器、笔记本电脑、移动硬盘等，拍摄时，素材首先记录在 p2 卡中，通过读卡器，可以将外拍的素材先存储到移动硬盘中，以下是相关存储设备的简要说明。

（1）p2 卡：是松下摄像机使用的一种卡式存储盘，容量分为 16g、32g、64g 等。对于不同的容量和拍摄格式，其录制的时间也不同。一般一张 64g 的卡，录制标清素材为 130 分钟左右，高清 1080i 格式的素材 70 分钟左右（图 23）。

图 23　64G 的 p2 卡

（2）读卡器：是用于把拍摄完成的素材从存储卡中读取出来的设备，不过，现在的读卡器不仅具有读卡功能，而且可以进行暂时的存储，存储的空间可以选择（有 500G、750G 等）。这种存储针对的是卡的读取，它可以迅速把卡里的素材读取到读卡器中，具有传输速度快、预览的功能。它能在拍摄的现场对卡进行复制，使有限的卡进行循环使用，延长拍摄时间（图 24）。

图 24　P2 卡读卡器

连接笔记本电脑和移动硬盘的是一条 Esata 数据线，它具有高于普通 usb 两倍的传输速度，用笔记本电脑作为中转设备再连接读卡器，就可以把卡中的素材存储到移动硬盘中。需要注意的是：（1）在复制时需要将 p2 卡的 content 文件夹里面的文件全部拷贝（有些忘记拷贝音频或链接文件的，会导致资源出现问题）；（2）由于拍摄的素材是唯一的，所以在对素材进行拷贝、粘贴时要格外的小心，拷贝完成后要检查数据的完整性。(3) 条件允许的情况下，需要把当天拍摄卡中的素材备份两份，以免硬盘出现故障。(4) 当确定把 p2 卡中的素材安全拷贝后，p2 卡就可以格式化了，此步骤在摄像机上进行，一般不建议对 p2 卡中的素材进行剪切操作。图 25 为设备连接图：

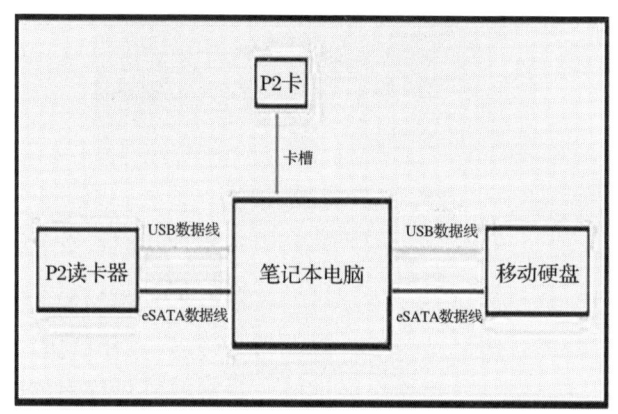

图 25　读卡器、电脑、硬盘操作的连接图

当外拍结束后回到工作室，需要把移动硬盘中的素材上载入媒资库中，进行后续存储工作。

2. 磁带的存储

在拍摄时，在磁带盒面上简单记录一些信息，包含时间、内容、顺序号，对于后期的磁带整理具有重要作用。使用磁带存储时，更需要及时对磁带进行命名保存。

虽然在一定的时间内，素材的质量不会有太大损失，但是随着磁带存放时间的延长，在环境、温度、水分等因素的影响下，磁带会脱磁、霉变等，降低视频的质量，因此无论是磁带还是硬盘拍摄，外拍完成后都需要及时对素材进行入库整理，并尽可能在拍摄完成后的一周左右的时间内完成素材的整理入库，然后在接下来的一段时间内对素材进行简单的编目工作。

(二) 后期媒资库的存储

存储功能是媒资管理的核心功能之一，主要完成视频数据的存储与调度。根据存储需求，可以选择分级存储的方式，即根据资料的不同用途和不同的使用频率，把资料放在不同的存储层面，由系统按照统一的管理策略来实现调度。

媒资管理库的设计目标是最终保存和管理历年来收集的和以后收集的视频资料，本着总体设计、逐步实现的方针，对系统的存储资源进行统一规划，便于将来系统的扩展。

要实现上述存储功能，应满足以下技术要求：

- 支持多级存储结构；
- 支持 SAN 架构；支持 NAS 设备；采用 SAN 的共享技术实现数据共享；
- 能够实现 LAN – FREE 的数据迁移；支持多带库、多带库协同工作；
- 具有存储统计功能；
- 支持多种存储策略；
- 保证数据迁移任务不丢失；
- 具有友好的人机交互界面；
- 具有完善的数据安全手段。

在媒体资源库的运行过程中，可能会因为各种不确定的因素，如计算机硬件故障、系统故障、管理员的操作失误等，造成数据资源的损坏或损失。为了保证在这些意外发生时，最大限度地保留数据资源，系统管理员就应该定时定期对数据资源进行备份。数据安全为重中之重，丢失则前功尽弃。不能依赖于一个系统、一名工作人员、一个物理环境，而应当多重备份、异介质备份、异地备份等，保证数据安全。

三、存储位置的管理

1. X 盘

X 盘是网络盘，是媒资的非编剪辑库。Sobey 网络非编系统盘在这里进行的是各个采集素材的暂时存储和项目工程的存储，它的作用是存放用 Sobey 软件进行采集的素材或者上载的 p2 素材，然后进行入媒资库。

如果登录到非编软件中建立一个节目，并打开此节目进行采集，则会在此盘下的 clip 文件夹建立一个与节目同名的文件夹，所采集的素材就放在这个文件夹内。

媒资高码流文件夹用于存放从媒资库回迁到制作库的素材，以日期形式进行排序。要注意的是，此文件夹对应 ML 库的目录为"公共资源库/回迁素材"，回迁到媒资库的素材按日期进行排序。删除方法是，在 ML 素材库中对要删除的素材点击右键，选择删除，然后再清除回收站。

Edius、Avid 采集的素材如果要入媒资库，也必须先放到 X 盘里面才可以入库，放到其他的盘里面则无效。

当从检索界面申请把素材下载到非编盘时，也会自动存储在 X 盘里，以供其他的非编辑软件进行编辑、播放或者其他用途的使用。

2. M 盘

M 盘即 Sobey 的媒资库，它的作用是存放所有进入媒资库的高码流视频。M 盘中包含如下主要文件夹：

MAM_ Attchment：该文件夹用于存放上载到媒资库的附件，包括 txt、word 等文件；

MAM_ FileUpload：该文件夹用于存放通过媒资管理平台引入到媒资库的音视频素材，以日期的形式进行排序；

MAM_ KeyFrame：该文件夹用于存放关键帧；

媒资高码流：该文件夹存放入媒资库的素材；

ML 归档素材：该文件夹存放从非编 ML 素材库归档到媒资库的素材；

编目数据导入：该文件夹存放连接的数据库导入到媒资库的素材；

其他文件夹以日期格式进行排序：该文件夹存放从媒资素材挑选软件挑选入媒资库的素材。

3. Y 盘

Y 盘是公共盘，Sobey 的媒资系统和数据库（我单位为中国记忆系统）进行数据交换的盘。在我单位，Y 盘里存储着 Sobey 媒资推出的给"中国记忆"的文件（高码流、低码流、元数据 xml 文件），以及"中国记忆"给 Sobey 推出的文件，从媒资库导出的素材以日期形式进行排序。

4. N 盘是存储低码流的硬盘，处于一直在线状态。

5. 媒资服务器（APPserver 192.168.0.80）。

D：\recordpath 文件夹应该每周进行备份。

D：\software 存放索贝系统的软件及工具。

6. 数据库服务器（database 192.168.0.82）。

每周对制作数据库（netdb）和媒资数据库（mamdb）进行备份。

7. 媒资转码服务器（database 192.168.0.83）。

D：\luceneIndex 文件夹应该每周进行备份。

8. 节目信息盘

媒资服务器（APPserver 192.168.0.80）的 I 盘为制作新系统节目信息盘。

数据库服务器（database 192.168.0.2）的 J 盘为制作系统节目信息备份盘。

这两个盘符要每周备份。

表 8　各盘符主要功能表

X 盘	剪辑
M 盘	媒资库
Y 盘	与数据库交换数据
N 盘	低码流数据存储

四、整体存储方案：在线、近线、离线三重方案

在线：即素材一直在服务器上没有离开，存储设备与所存储的数据保持在网络状态，供客户随时读取，就像电脑中常用的磁盘一样。如 N 盘的低码流一直在线供浏览用，M 盘也在线。

近线：指的是存在服务器上的文件隔一段时间之后没有被使用，会被移动到一些存储速度较慢的设备中。近线存储的设备价格相对低一些，这些设备包含磁带库、光盘库、nas 阵列等。当 M 盘的高码流素材隔一段时间会自动的添加到磁带库中将成为近线，即高码流素材被保存在磁带库中，将磁带库中的磁带拿出来单独存放了，就成了离线。如果需要使用，再把磁带放回到磁带库。

离线：指的是视频资料完全不与系统连接，当需要调用时必须人工进行操作的设备，如单独保存的磁带、阵列、硬盘等。

详细存储情况见图 26：

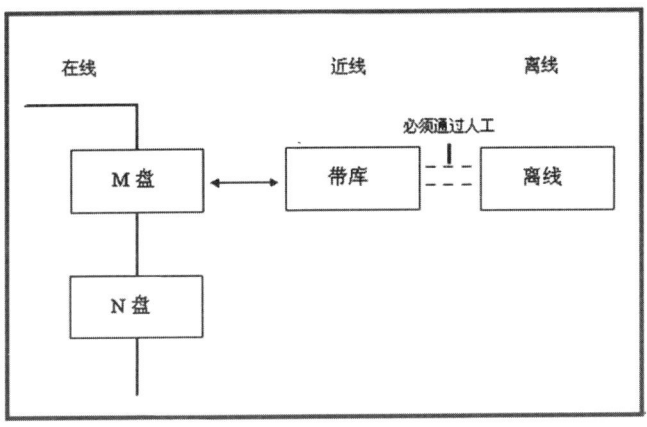

图 26 中心各盘的存储状态

五、存储格式

Pal 标清：720 * 576；视频编码格式：mpeg – ibp；文件格式：Avi；码率：25Mb/s；音频采样频率：48hz；编码格式：LPCM；采样率：16bit。

高清：1920 * 1080；视频编码格式：mpeg – ibp；文件格式：Mxf 与 Avi；视频码率：120Mb/s；音频采样频率：48hz；编码格式：LPCM；采样率：16bi。

第四节 制 作

一、概念

本书所指"制作",是根据用户的需求,对视频资料进行整理与蒙太奇的组接,从而达到想要的艺术效果的过程。在媒资系统中,制作环节提供了强大的创作空间,使资源得到了最大程度的利用,从而让发布端这一环节变得更为多样化。

"制作"通过非线性编辑机对视频资料进行操作。整个过程对于媒体资源管理来说是一个较为机动灵活的环节,也可以说是传统管理功能上的补充,通过采集环节进入编辑区,在编辑区进行数字化加工(图27)。

图27 Edius 的剪辑区界面

二、制作特征

1. 灵活性

在固定媒体资源平台上，根据客户端不同需求，更灵活，更具有客户导向。

2. 实时性

在编目同时，可根据发布端的需求对原始资料进行编辑，可以两个环节同时进行，两个环节相互参照，合二为一，循序渐进，提高数字化效率。

3. 规范性

在编辑环节之前，数据采集环节根据规范统一编辑素材，例如采集输出的编码格式、码流参数、文件格式，使编辑后的成片能够更加方便地管理与存储。

三、制作规范及流程

中心现在使用的视频剪辑软件是 Avid、Edius 和 Sobey 的 Nova。三种软件尽管操作的界面和兼容的格式有一定的差别，但对剪辑思路和流程不会有太多影响。媒资管理中的制作流程简单的可以概括为三步：采集或者导入、编辑、导出。由于三种软件的操作流程大致相同，下面就以 Edius 作为样例来进行说明。

（一）采集与导入

1. 模拟信号的数字加工

一般将录制的视频资料先放到软件里面才能进行剪辑，采集是把用模拟信号拍摄的视频转为数字信号,这是模拟信号进行加工的第一步。当模拟信号数字化后,那么接下来就是把采集完成的素材添加到软件的剪辑素材库,把导入的素材添加到时间线上,这样才可以进行编辑(图28、29)。

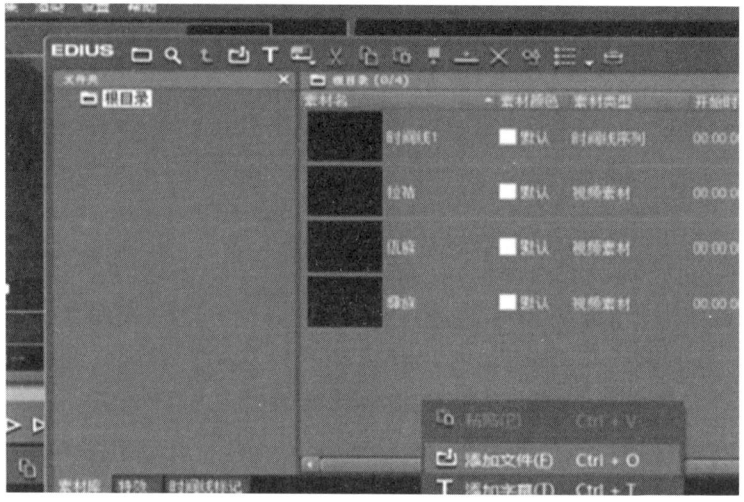

图28　在素材库添加文件

图29　素材在时间线上剪辑

2. 数字视频信号的加工

视频本身就是数字格式的，可以在硬盘之间自由读取，所以不需要经过采集。如果属于非编软件识别的格式，那么可以直接导入编辑。

（二）编辑

在编辑区根据不同的内容和思路编辑素材。常见的编辑项目如下。

1. 素材长度调整

制作包括对素材长度的调整，根据使用需求或者因为一些拍摄时的失误，需要对素材的长度进行剪辑。非线性编辑可以实现精确到帧，也可以对编辑点前后画面进行手动剪辑，这样可以向研究者或观众呈现质量更高的画面（图30）。

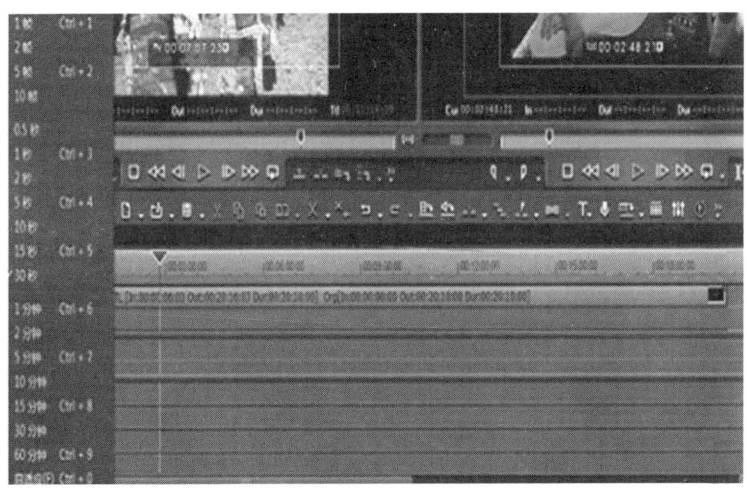

图30　时间线长度的调整

2. 素材组接

可以根据使用需要，将各段素材的相互位置进行调整，完成素材的组合、插入等（图31）。

图 31 素材的组接

3. 特技

在非线性编辑系统中制作特技时，根据要表现的内容和思想，使画面生动、引人入胜，常常选择加入合适特技（图32）。但在民族民间文艺视频中，一般很少使用特技，最大程度保持拍摄原貌。

图 32 特技面板

4. 字幕

根据字幕与画面的合成关系，可分为软件字幕和硬件字幕两类。软件字幕是一种特技抠像的方式，生成时间比较长，但在线升级较为方便；硬件字幕需要双通道硬件支持，生成速度快。现在较先进的非线性编辑系统多带有硬件字幕，可实现中英文字幕与画面的实时混合叠加（图33）。

图33　字幕面板

5. 声音编辑

使用非编软件进行多轨声音的合成时，可以直接对声音进行效果处理、剪辑、音量调节、声音反转、直流噪音消除等（图34）。由于我们的拍摄团队通常较小，未必每次都有专业录音师随同拍摄，常采用摄像机自带的录音方式，后期的声音编辑就更为重要。

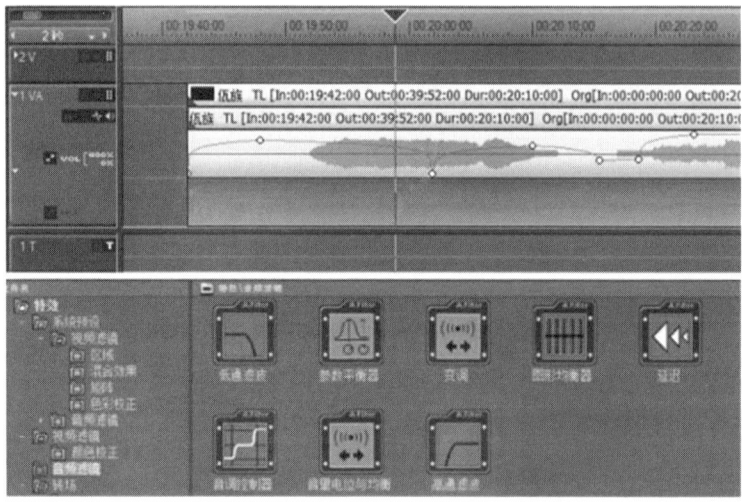

图 34　声音波形调整和声音的特效

（三）成片的导出

制作完成后的成片配合编目可供数据库存储，也可以将成果直接供发布端应用。其导出的格式可以有很多选择，也可以直接刻录 DVD 或输出到磁带，根据具体的需要来定（图 35）。

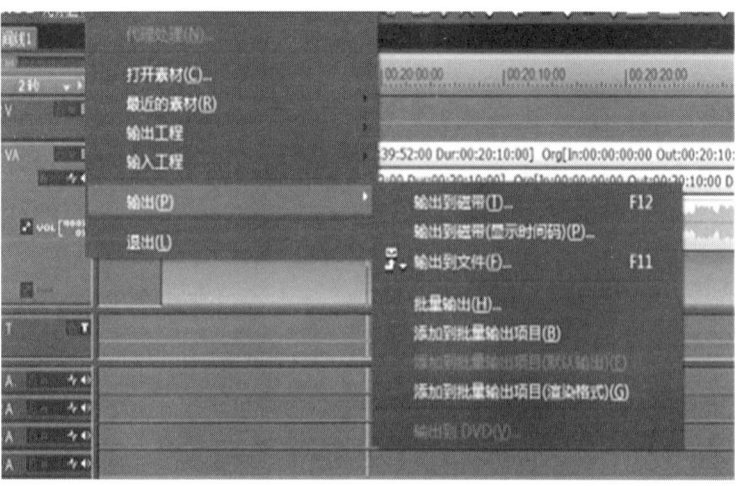

图 35　视频输出界面

媒资管理制作环节借助数据库中的资源优势，发挥后期非线编辑的优势，赋予了数据库资料二次生命，既可以实现数据的规范使用，又可以对原始素材再加工，提高视频资料的质量与利用率，是新兴主流媒体数据库一个重要环节。

第五节　管　理

完成了资源的采集、编目、存储、制作后，需要整体考虑资源的管理及工作环节的管理。民族民间文艺影视资源包括原始素材和已经数据化的资源两部分，对于不同的视频资源，应有不同的管理方式。

一、对原始资料的管理

原始资料是指田野调查或文化活动中记录的第一手的未经处理过的视频资料，存储介质包括传统磁带介质，也包括DVD、VCD、移动硬盘等。原始素材都具有唯一性和不可替代性，是进行数字化资料的基础。

（一）原始资料入库

首先由拍摄者将拍摄的视频资料整理后，交给相应的管理部门进行登记和录入，登记内容包括介质信息、内容信息、录制时间、交付时间等项目，并且在第一时间给予这个介质一个编码，这个编码具有唯一性，是区别于其他固态介质的唯一特征。在库房里，磁带会根据编码的顺序被存放在相应的带架上，为方便查询，可形成一个磁带存储的空间分布图。同时，可在此基础上，建立一个独立的数字化片库系统，成熟后可与媒资管理系统连接。

（二）原始资料的出库和查询

原始资料库管理系统可与单位的内网连接，工作人员可通过内网浏览、查询原始资料存储情况并进行借阅。通过查询系统查询到所需的数据，并获得原始资料的编码，然后到资料管理员处填写借阅单，方可取出该原始介质。

根据原始资料的重要程度不同，需规定原始介质的最长借阅期限。在相应的管理规定中，需设定每超过最长借阅一天，需缴纳的罚款数额；如丢失原始介质，需缴纳的罚款数额。对于丢失原始介质的行为，除了罚款还应予以公示。

（三）原始资料存储环境

为保证存储介质的稳定性，需保持库房的恒温恒湿，使资料处于一个稳定的状态中。

二、对数据资料的管理

（一）视频质量的控制检测

当前，民族民间文化艺术视频资源的来源较为多样化，有的是各地文化机构几十年前拍摄的老磁带，有的是科研项目的成果，有的是私人拍摄的比较有价值的 VCD、DVD，但概括来说，这些视频从采集到再现到终端要经过很多的环节处理。例如，在把老磁带上载到媒资库的过程中，要经过磁信号转换成电信号、压缩编码、传输、记录及其它的变换过程，每个环节的技术优劣都将会影响视频的质量。在众多的环节中，压缩编码是影响图像质量的一个非常重要的因素和产生问题的主要环节，不同的的压缩编码会有不同视频质量，这也是我们必须关注的。

在视频节目的制作中，必须要对质量进行严格的控制，如果由于中间技术环节导致节目无法通过审核得不到正常的呈现，将会对人力、物力造成很大浪费。为确保视频各项技术指标能够达到标准，要对视频的亮度、对比度、色彩平衡等进行严格的控制。

根据徐品等编著《媒体资产管理技术》[①]，对于视频的质量评价，国际上推荐使用的评分制有三种：图像损伤制、质量制和比较制。在评分等级方面常用的有五级分制、七级分制、连续 100 分制等，通常情况下质量制采用五级分制或连续 100 分制，损伤制采用五级分制，比较制采用七级分制。

（1）五级质量制

5 分：图像质量极佳，十分满意；

4 分：图像质量好，比较满意；

3 分：图像质量一般，尚可接受；

2 分：图像质量差，勉强能看；

1 分：图像质量低劣，不能观看。

（2）五级损伤制

5 分：图像上察觉不出失真或干扰存在；

4 分：图像稍微可察觉失真或干扰，但不令人讨厌；

---

① 引自徐品等编著《媒体资产管理技术》，电子工业出版社 2012 年.2 月版。

3分：图像有明显的失真或干扰，令人讨厌；

2分：失真或干扰严重，令人讨厌；

1分：失真或干扰严重，无法观看。

（3）七级比较制

+3分：比参考图像质量好的多；

+2分：比参考图像质量显得较好；

+1分：比参考图像质量稍好一些；

0分：比参考图像质量相同；

-1分：比参考图像质量稍差一些；

-2分：比参考图像质量显得差；

-3分：比参考图像质量差得多。

通过借鉴国际评分标准和自身的视频特点，在五级质量制标准的基础上，我单位的资料内容可再进行二次分级。

A+级：视频内容珍贵唯一性，图像清晰；

A级：视频内容珍贵唯一性，图像一般；

1-级：视频内容珍贵唯一性，图像差；

B+级：视频内容一般可再生，图像清晰；

B级：视频内容一般可再生，图像一般；

2-级：视频内容一般可再生，图像差。

（二）备份

1. 备份内容

备份是指对数据资源进行拷贝，以便在资源受损时能够还原并恢复数据。备份并不是对数据资源的简单复制，而是要将媒体资源库中的所有信息包括视图、条件、路径、大小等具体信息同时进行复制。

在媒体资源库的运行过程中，可能会因为各种不确定的因素，如计算机硬件故障、系统故障、管理员的操作失误等，造成数据资源的损坏或损失。为了保证在这些意外发生时，最大限度地追回数据资源，系统管理员应该定时定期对数据资源进行备份。通过定期及恰当的备份，系统可以从各种不可预期的故障中恢复。

2．备份类型

从数据资源库的当时状态区分，可以分为静态备份和动态备份。不对数据资源库进行任何存取、修改等活动的备份方式称为静态备份，允许对数据库进行存取和修改的备份方式称为动态备份。

3．备份方式

根据备份的内容划分，可以将备份划分为完整备份和差异备份。

（1）完整备份：备份数据资源库的所有内容，包括事务日志，但是这种方式需要比较大的存储空间，时间也相对比较长，要将所有需要备份的数据库连接到一个独立的备份服务器上。

（2）差异备份：是将最近一段时间发生的数据进行备份，是完整备份的补充，一般是在上次完整备份之后进行的差异化的更新内容的补充，具有数据量小、速度快的特点。

在日常备份中，要做到完整备份和差异备份的结合。比如每个季度进行一次完整备份，每两个星期进行一次差异备份。

（三）恢复：提供异步恢复功能

恢复是指将数据资源库的备份加载到服务器中，使数据资源库恢复到备份时的状态，最大限度的减少数据库的损失。在数据资源库进行恢复之前，应删除故障数据库。检查还原数据和备份数据的有效性，并限制用户对数据库的访问，使数据库处于静止的状态。

简单恢复模式是指进行数据库恢复的时候仅使用数据库备份和差异备份，而没有涉及事务日志备份。可以使数据库恢复到备份时的状态，但因为缺乏事务日志备份，无法将数据库恢复到失败点状态，适用于要求不太高的恢复。

完整恢复模式指完整记录下数据库的所有事务，并保留所有事务的日志记录，直到完成备份，这是一种对可靠性要求比较高的恢复模式。

三、媒体资源的系统管理

系统管理旨在对整个媒体资源系统进行有效的管理和协调，根据目前文化艺术研究行业工作现状，系统管理主要是指系统业务管理，主要包括监控当前系统所进行的各项业务、调整系统参数的设置等。

（一）权限管理

随着媒资管理库的完善与开放使用，会有不同身份的操作者进入到媒体资源系统，包括系统管理员、高级系统管理员、普通用户等，系统会赋予其不同登录口令，同时会根据操作者的口令识别其身份并赋予不同的操作权限。

高级系统管理员：上传素材，删除素材，设置素材的属性；

系统管理员：上传素材，删除自己所上传的素材；

普通用户：浏览、检索相关素材。

(二) 素材等级的管理

系统管理员可以根据素材的特点和内容对素材的重要性进行分类，设置为重要、比较重要、一般等类别。

(三) 日志管理

日志管理指系统对操作情况进行的实时监控。通过日志管理，系统可自动记录系统运行过程中发生的事件，即任何一个进入系统的任何一个不同身份的操作者所进行的每一步操作，比如系统管理员删除了某个视频资料或者更改了某个参数，都会在系统日志中记录下来。

通过日志管理，可以随时查看当时有哪些操作者在进行什么操作。同时，还可以根据时间、操作者或者根据某个事件对日志进行历史查询，或者根据某个自定义的条件进行查询，比如在某个特定的时间段里，某个特定的操作者进行了哪项操作。

(四) 统计管理

系统具有对各类细节数据进行分析、整理、统计的功能，相应的统计结果可以被保存或者输出，为业务管理提供实际的运行数据。

四、资源的版权管理及使用

民族民间文艺影视资源的版权历来存在诸多问题，不仅涉及到编导、摄像、组织者、出资人的权益，还涉及到被拍摄的民间文化持有者、族群的权益。对于出于公益记录目的的科研课题与项目，一般会采取录制之后返还文化持有者相应资料的方式，那么可以在非商业范围内进行保存和利用。然而，一旦触及商业利益或大范围的公众影响，往往会引发版权争议。在当前重视知识产权的环境下，有必要对版权问题进行规范管理。

首先，要尊重文化持有者、族群的权益。在拍摄之初，应签订知识产权协议，明确版权归属，不应以强势文化的角度侵害弱势群体的权益。任何签署的知识产权协议，均应体现文化持有者、族群的相关权益，尤其在署名、标识、共享等方面应保障他们的权益。

其次，根据工作情况，事先签订责任人的知识产权协议。如由国家财政支持的常规资源抢救工作或科研课题，应明确版权为国家所有，由相关负责单位代行版权。对于编导、摄像、组织者、研究者等都应有相应署名，并根据协商情况，确定成果的使用情况。

再次，根据成果内容，在发布应用时，也应事先与使用者达成协议，如电视台、出版社制播放应具备的权利和义务，如其他人员通过网络或媒资管理平台查询使用相关成果时应具备相应的权利和义务等。

第六节　发布与应用

建立民族民间文艺媒资管理库，将海量信息经过采集、编目、存储、制作和管理，可以提供以下功能与服务。

- ■ 查询、检索；
- ■ 浏览、下载、应用检索；

- 系统信息网络共享；
- 视频资料的制作复制；
- 视频资料的研究开发；
- 支持内部制作系统、播出系统信息资料共享。

一、检索

在媒资系统中，最为显著的特点是可以实现多功能的检索。未进入媒资系统的视频资源，一般都是存储在磁带里或者其他的媒介中，而且数量巨大，无法及时进行观看和使用，媒资库里的视频资源则可以实时在线，并且加入了检索和播放的功能，可以高效地对视频进行归档和整理。

在媒资系统进行的视频检索，是建立在编目的基础上进行的，通过对视频编目信息中的检索点进行查找和抓取，可以获得自己想要的视频资源，它具有以下特点：方便、快捷、高效。

目前中心使用的是 Sobey 公司的 MAMSpace4.2 SP1 媒体资产管理系统，在 MAMSpace4.2 SP1 媒体资产管理系统中，资料的检索及应用分析以 B/S 模式的媒体资产管理中心和资料检索门户的形式提供给客户。它的应用给影视资源的部署和维护带来极大的便利，用户使用 IE 浏览器就可完成对系统资料的访问，不需要专门的客户端。

媒体资产管理中心集合了检索、内容申请/审核、用户收藏夹、专题、统计分析、排行榜等媒资应用，同时提供了对存储设备管理等系统管理功能，是 MAMSpace4.2 SP1 中进行媒体资产管理和使用数字内容服务的 B/S（基于浏览器）综合性应用入口。

（一）登录界面

用户只需要在检索工作站上双击打开 Internet Explorer，在地址栏中正确输入媒体资产管理平台的登录网址，点击"回车"键进入用户登录界面（图36）：

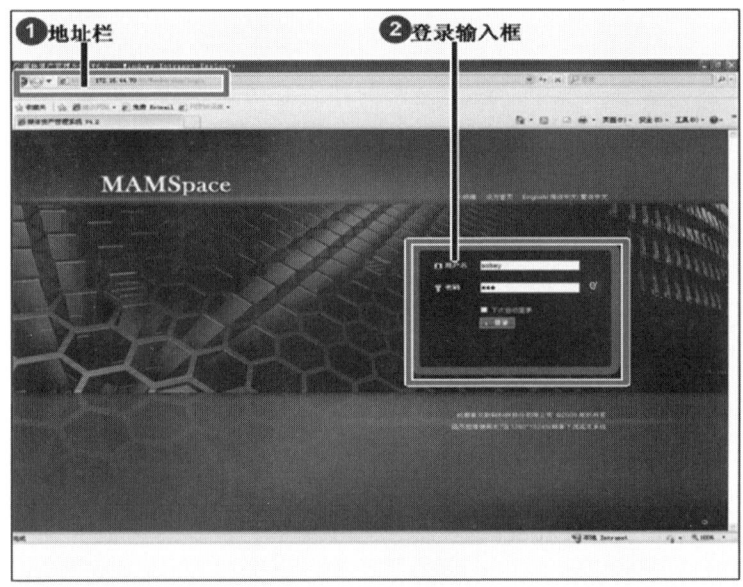

图 36　媒体资产管理平台登录界面

（二）页面设置

在用户登录界面输入具有资料检索权限的用户名和密码，点击"登录"按钮，即可进入媒体资产管理系统首页（图37）：

第三章 媒资规范研究

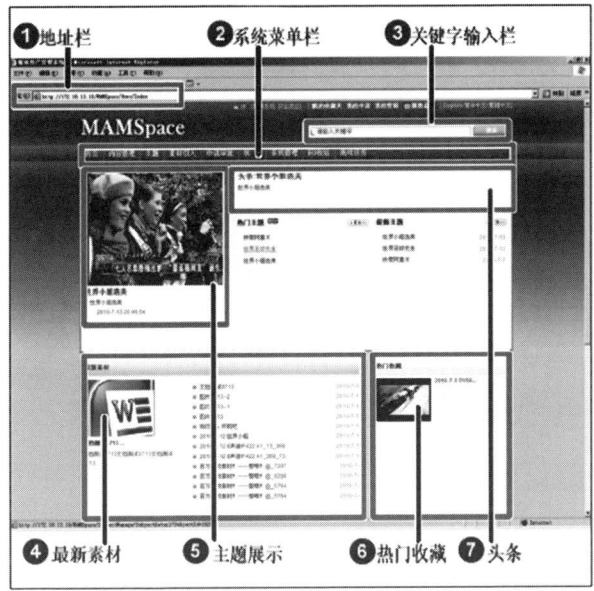

图37 媒体资产管理系统首页

（三）检索的分类和特点

1. 全文检索

根据检索关键字进行全文全字段查询。

这种检索查询的范围大、内容广，它可以根据需要对媒资库中有关实体层、节目层、场景层、镜头层的编目信息进行全面的查找，但不适合精确地查找（图38）。

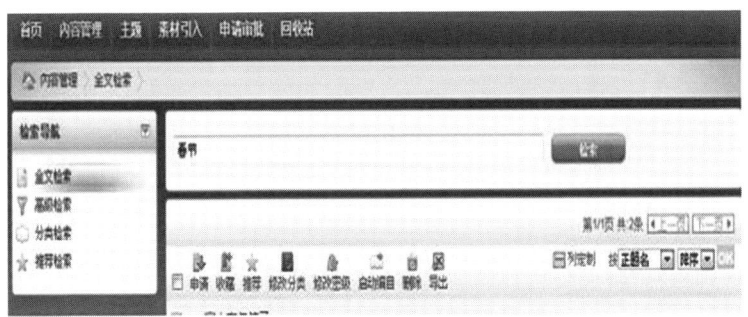

图38 全文检索界面

· 95 ·

2. 高级检索

在全文检索的基础之上精炼检索，用户可以增加或删除检索条件，通过明确检索条件使得搜索的内容更符合需求（图39）。

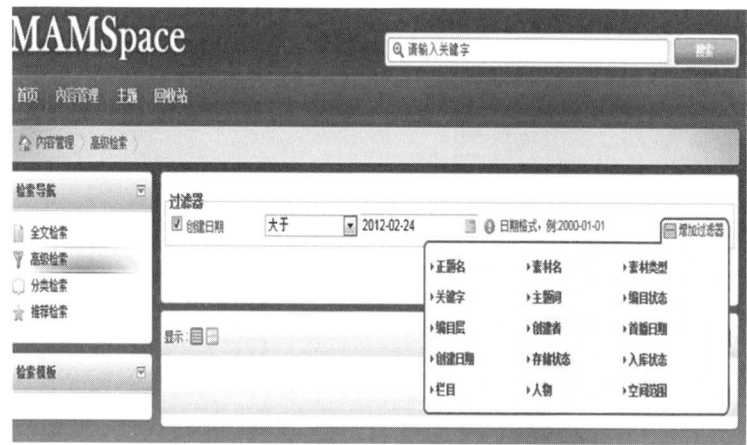

图39　高级检索界面

3. 分类检索

根据内容分类和业务分类以及其他信息组合检索。这种检索是在事先知道它的分类的情况下进行的，通常是按照某一类型的资源进行查找，比如搜索京剧，就可以选择分类法检索，选择戏剧下面的京剧（图40）。

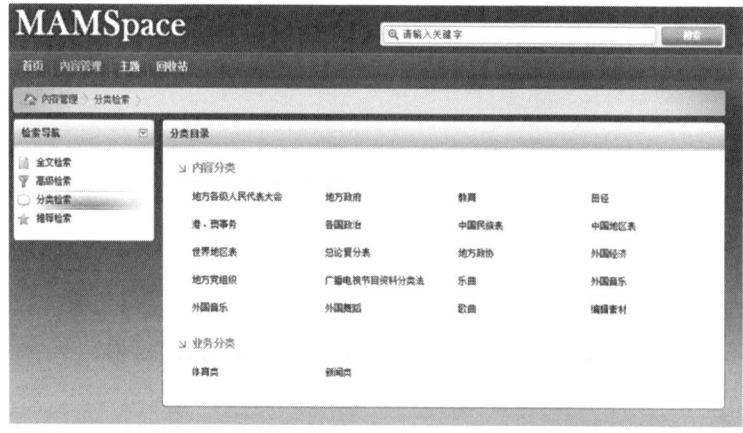

图40　分类检索界面

4. 推荐检索

根据推荐分数、推荐排行和其他基础信息组合检索,与高级检索的差别就在于提供了热门的搜索过滤器的排行信息。(图41)

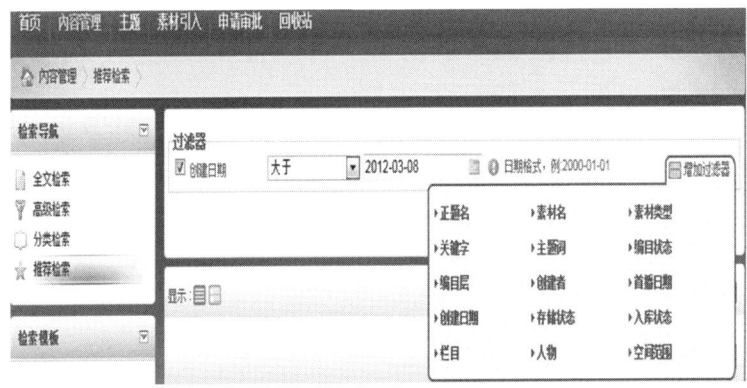

图41 推荐检索界面

(四)检索的内容及操作

对于符合查询条件的检索结果,可通过页面上的功能按钮对资料进行操作:

播放,即调出播放窗口,播放素材,并显示和该检索相关的素材。

编辑,即对实体的基本信息,节目层、片段层、场景层、镜头层编目数据信息,文稿、收录等属性的扩展元数据以及编辑素材附带的附件信息的编辑。

申请,就是对素材进行申请下载。

收藏,即将当前素材加入到指定收藏夹。

推荐,对当前选中素材进行评分。

检索界面见图42。

图 42　检索界面

点击"播放"按钮时会弹出单独的一个界面,即如图 43。

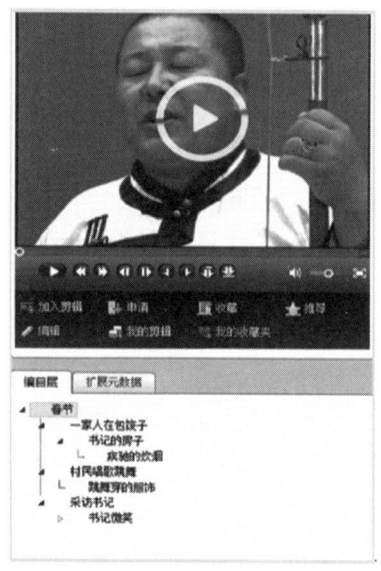

图 43　播放界面

二、下载

当在浏览器上搜索到自己感兴趣的视频，根据自己的需要可以对有价值的视频进行申请下载，经过有权限的用户进行审批（图44），不同的用途需要选择不同的回迁方式。

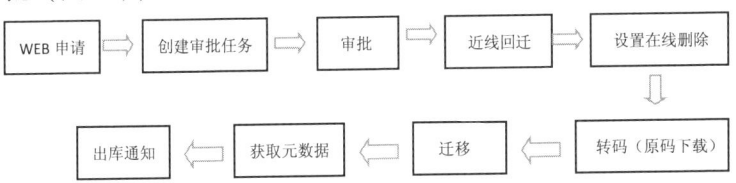

图 44　下载流程

目前中心使用的 MAMSpace4.2 SP1 媒体资产管理系统提供了 3 种资源下载的模式，分别为媒资库申请回非编盘、媒资库申请回迁到 ML 和编目数据导出。如图 45：

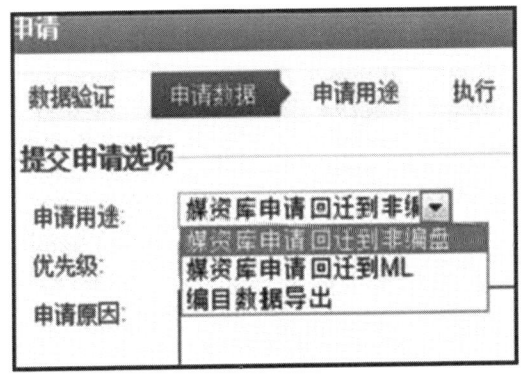

图 45　下载模式界面

（一）媒资库申请回迁到非编盘

指的是用户检索到自己想要的视频资源，以高码流的形式下载到本地磁盘中，媒资库默认的非编盘为 X 盘。以这种方式回迁的视频素材，可以在不同计算机上进行自由交换。此高码流的文件格式及参数为：

标清 Pal：720 * 576；视频编码格式：mpeg - ibp；文件格式：mxf；码率：25Mb/s；音频采样频率：48hz；编码格式：LPCM；采样率：16bit。

高清：1920 * 1080；视频编码格式：mpeg - ibp；文件格式：mxf；码率：120Mb/s；音频采样频率：48hz；编码格式：LPCM；采样率：16bit。

（二）媒资库申请回迁到 ML

ML 指的是 Sobey 网络的非编库。用户检索到自己想要的视频资源不下载到本地，而是直接下载到网络非编剪辑库进行剪辑。媒资库默认的 ML 是 X 盘下面的 clip 文件夹，它与第一种方式下载的素材不同，前者的素材是音视频合一的 mxf 文件，后者是音视频分开的 mxf 文件供 Sobey 用来剪辑。这样在局域网内的网络非编做片子时就不用花很多的时间去收集素材，可以直接调用，不用再进行上载的操作（如图46）。

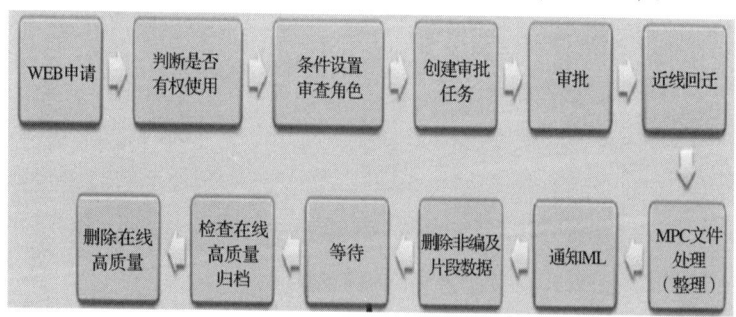

图46　媒资库申请回迁到 ML 流程示意图

经过审批后的素材回到非编库的回迁素材里面（图47）。

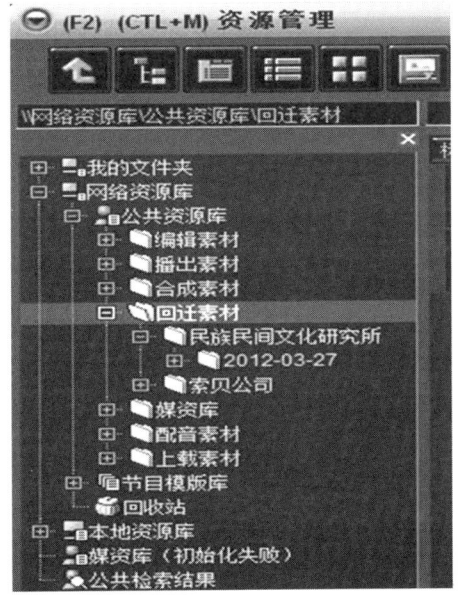

图47 回迁资源管理界面

（三）编目数据导出

这个功能专门是为了和"中国记忆"数据库进行数据交换设计的，指的是在把媒资库的视频资源以高、低码流推给"中国记忆"数据库的同时，把编目层数据信息如题名、主题、描述、日期、格式等以 xml 格式推送出来，之后在"中国记忆"平台上也可以对视频进行检索、浏览和下载。这个功能实现了媒资库的视频在不同平台上的交换、检索和传播，使得视频从独立的媒资库慢慢融合文字、音频等多种资源，成为互相整合和统一的自主的文化资源信息平台。

在"中国记忆"的客户端打开数据交换选项，然后按照图 48 所示的拉取导出数据的 xml 文件，就可以把媒资库的视频转移到"中国记忆"数据库了。

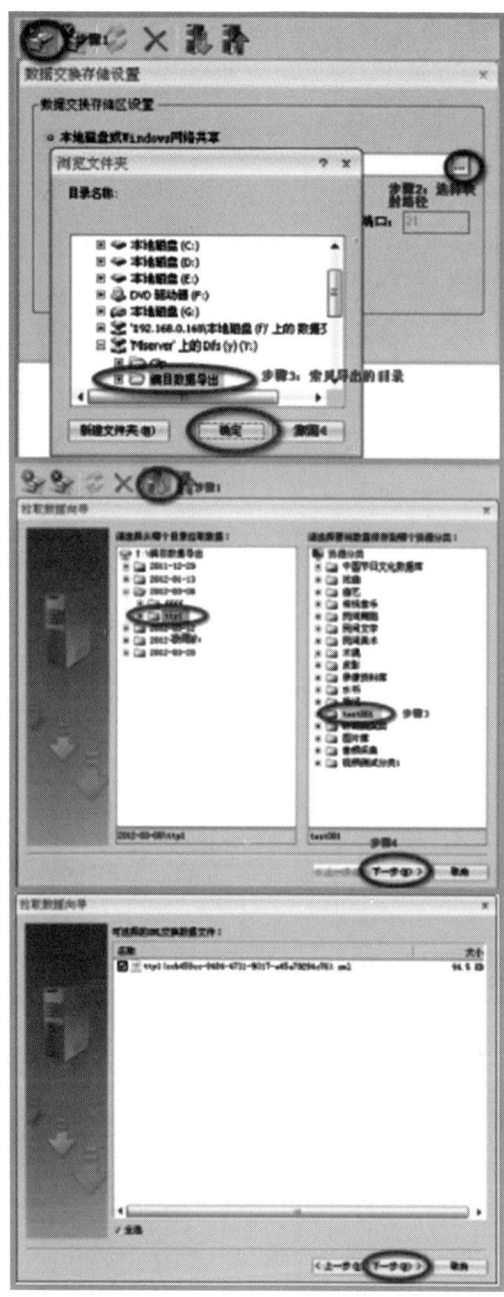

图 48 媒资库与数据库的互联关系图

三、拓展的服务和产品

收集的文艺视频资源不仅对于本单位有作用，对于其他的研究机构、人员也具有相应价值，怎么满足其他用户的需求也应是影音资源管理的重要工作。例如：（1）提供给出版社、电视台或其他媒体机构制作成音像制品发行；（2）提供给网络用户进行观看及有偿下载；（3）进行科研、学术交流或学校授课等。

第四章
案例应用

第四章 | 案例应用

第一节 《中国民族民间器乐曲集成·云南卷》的资源采集

一、资源说明

本磁带为《中国民族民间器乐曲集成·云南卷》的第一盘，其拍摄时间为1986年11月，磁带格式为 U－matic，磁带内容为云南少数民族乐器演奏，主要为外景拍摄。此磁带保存比较完好，信号比较清晰（图49）。

图49 《中国民族民间器乐曲集成·云南卷》第一盘磁带

· 107 ·

二、应用说明

（一）采集

采集软件为 Edius5.50 版本，此软件支持高标清、模拟等多路接口，可以对原始素材进行最高码率的数字化（图50）。

图50 采集软件

采集接口线路选择，如图51。

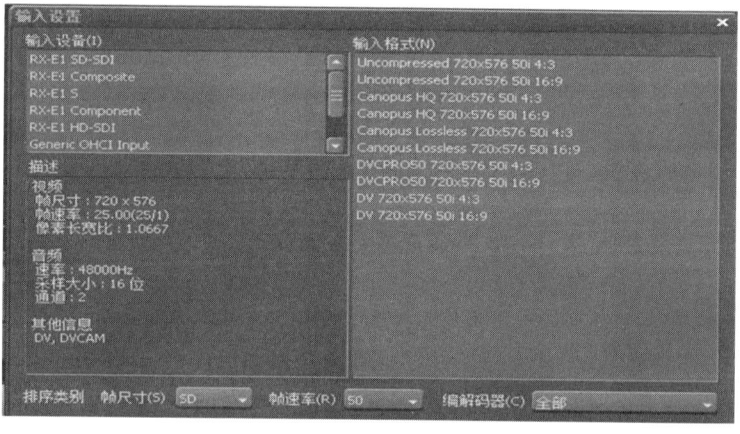

图51 采集接口线路选择界面

该磁带使用的录放机为 VO‑5850P，使用 Composite 接口，采集码流为28M/秒。

首先，要选择采集后的文件存放位置，其次，要填写采集文件名称，接着点击"确定"按钮软件即开始采集，如图52。

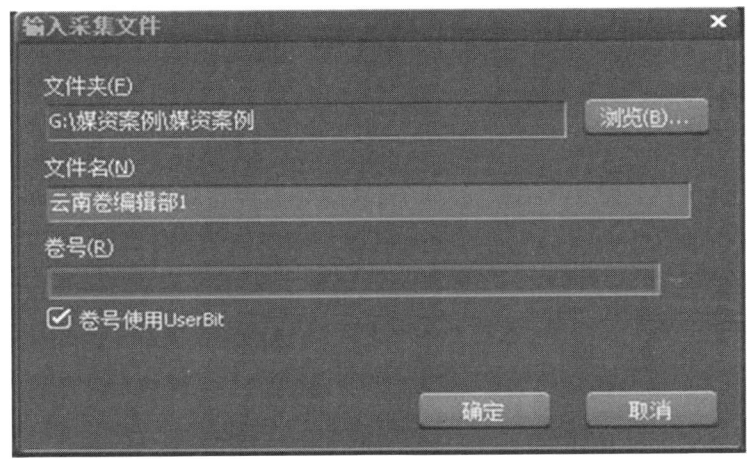

图52 采集命名界面

采集完成后，点击"停止"按钮，将采集好的文件拷贝到移动硬盘，以便下一步使用索贝媒资管理系统进行编目存储等工作，如图53。

图53 采集界面

（二）资料挑选

采集完成后即可进行资料挑选。采集完成后的文件既可放在本地硬盘，也可放入单位数据库里。在挑选所用的文件时，可调用网络资源和本地硬盘里的资料，界面如图54。

图54　导入界面

素材导入后，进入下一项——资料审核。在资料审核阶段，可查看素材质量和素材内容，要注意的是，素材需按照本单位的相应规定，符合条件才可提交并通过审核，界面如图55所示。

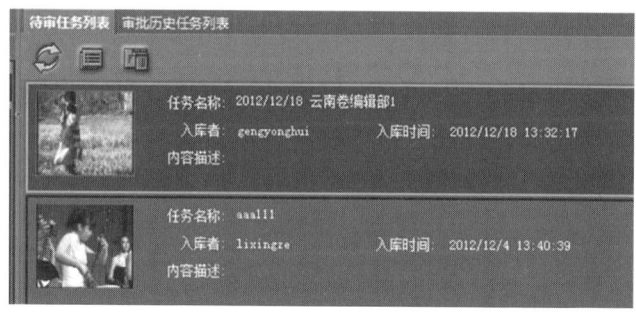

图55　资料审核界面

第四章 案例应用

查看播放素材后,符合规定的素材文件才能通过。如果采集的素材文件在内容或质量等方面存在需要修改之处,可选择打回,并进行相应的修改。

待素材文件通过后,打开编目系统:

第一步是认领未分配任务,如图56。

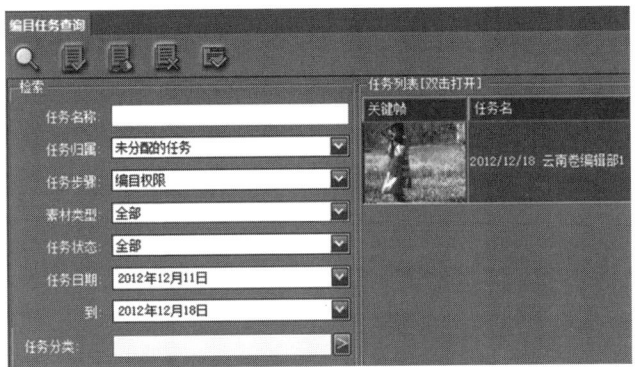

图56 任务认领界面

第二步,媒资管理系统将自动生成一个低格式的 wmv 文件,这一过程需要一定的时间才能生成完毕,时间长短主要取决于原本素材的时间长短和质量大小。wmv 文件主要用于浏览视频,查看其中某一时段的视频信息。低格式 wmv 文件生成后即进入素材的编目环节,界面如图57。

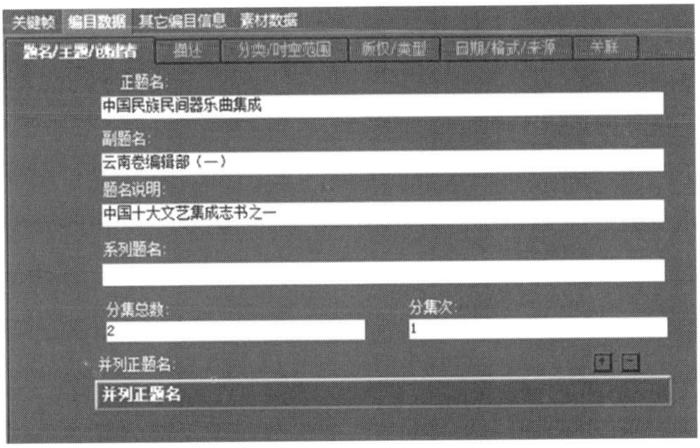

图57 输出命名界面

·111·

填写文件详细信息后,点击"保存"按钮,然后再提交到下一环节。

第二节 新疆古尔邦节田野调查资源入库流程

为了更详细的说明 p2 卡等新媒体存储设备在媒资库中的应用,下面以新疆古尔邦节田野调查拍摄的素材为例介绍其入媒资库的情况。

一、资源说明

2011 年 11 月,中心组队赴新疆考察,考察的目的一方面是对新疆的古尔邦节进行田野调查,另一方面是对在当地开展古尔邦节的两个项目组进行指导和拍摄协助。该次考察由李松主任带队,中央民族大学王建民教授担任指导。最终得到的拍摄素材约 300G,拍摄设备主要是:松下 p2 便携式摄像机 AG – Hpx260、便携 HDD 和笔记本电脑、移动硬盘。

二、应用说明

(一) 素材的拍摄

素材以高清格式拍摄,素材的编码格式为 avc – intra100。

AG–HPX260 记录的文件可以只采用一个便携 HDD 进行拷贝，若使用 p2 卡驱动器（AG–pcd2），用一台笔记本电脑查看结果和剪辑原数据，则电脑应是安装了 P2 Viewer 看图软件的一台 Windows PC 机或 Mac（图 58）。

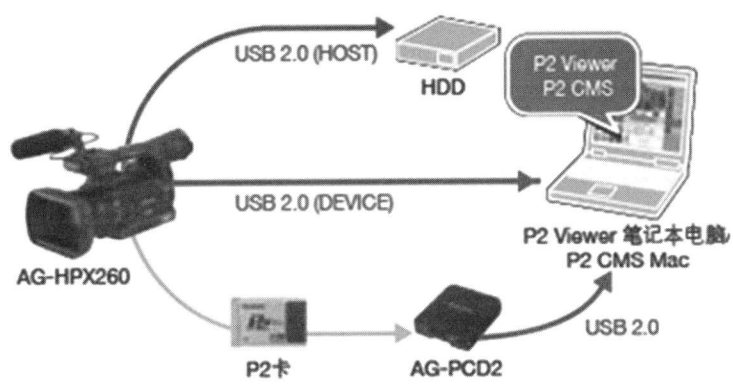

图 58 拷贝存储设备的连接

拍完之后，需要注意的是，勿对拷贝的文件夹、格式进行修改，以免剪辑软件时无法读取，如图 59 所示。

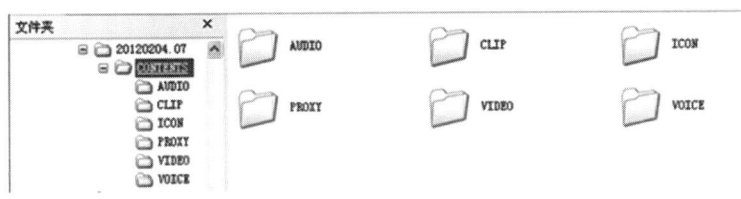

图 59 拷贝界面

（二）素材的剪辑

对于拍摄的素材，如果需要剪辑，就直接导入后期软件中进行剪辑，如 Premiere、Edius、Avid 等剪辑软件即可直接将文件导入，而 Sobey 的剪辑软件则需要先上载到资源库才可以进行剪辑，如图 60、图 61 所示。

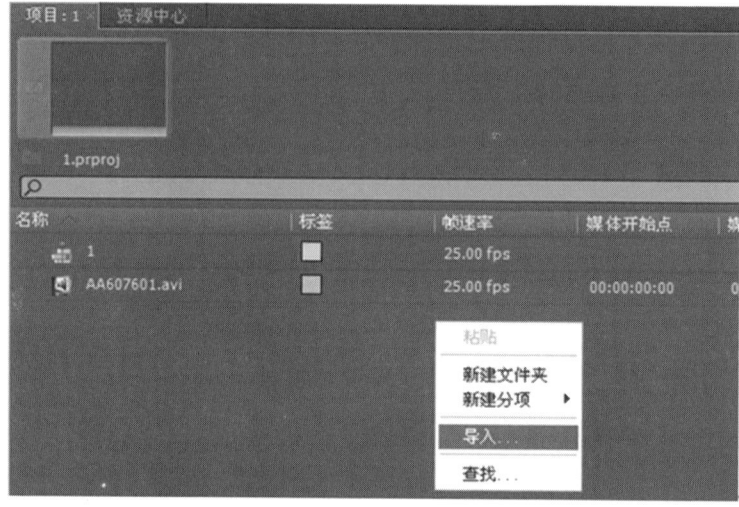

图 60　资源导入选择

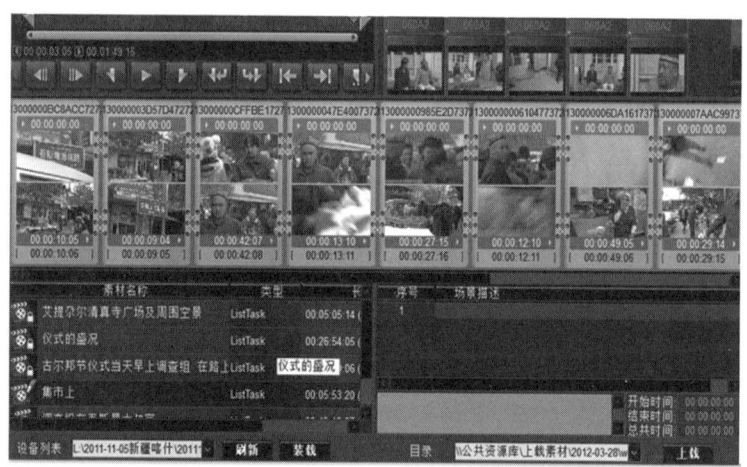

图 61　资源导入

（三）素材的存储

在 Sobey 的媒资库中,素材存储需要很多软件的配合,如图 62,其流程大概包括:通过 Nova 软件上载——软件挑选——资料审核及软件审核——编目软件进行编目——媒资库检索。

图 62　存储软件界面

上载过程同剪辑时上载的过程一样。

挑选时先输入用户名,登录系统,如图 63 所示。

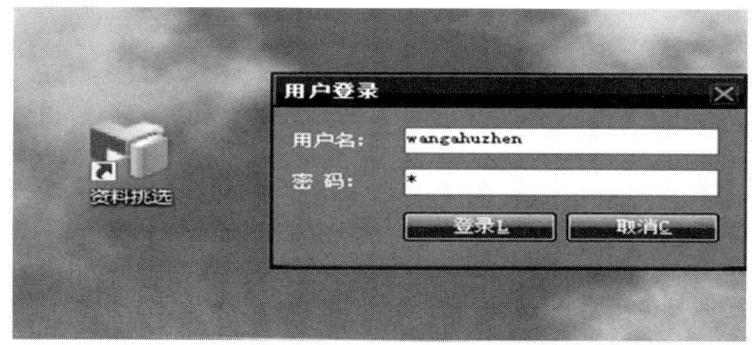

图 63　登录界面

登录系统之后,先对素材进行整理,接着从素材的暂存盘中导入资源,并拖到系统中。在系统左边的"新素材"里新建素材,它可以包含很多条片段,可根据需要选择自己想要的部分新建素材,如图 64。

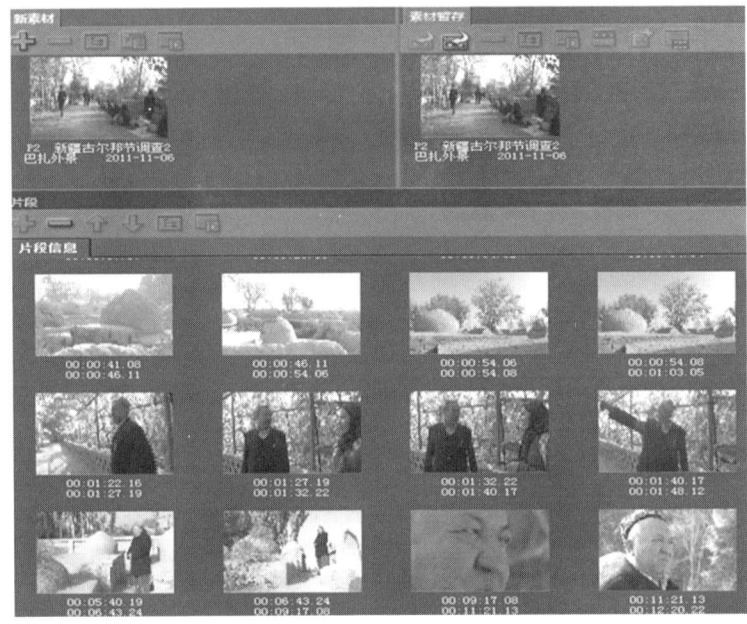

图 64　新建素材界面

在新建的素材中,需要对其重命名。素材名很重要,因为在将来的素材检索时,素材名会是单独的检索选项,为了方便使用,挑选时尽量按顺序、按规律命名,如图 65。

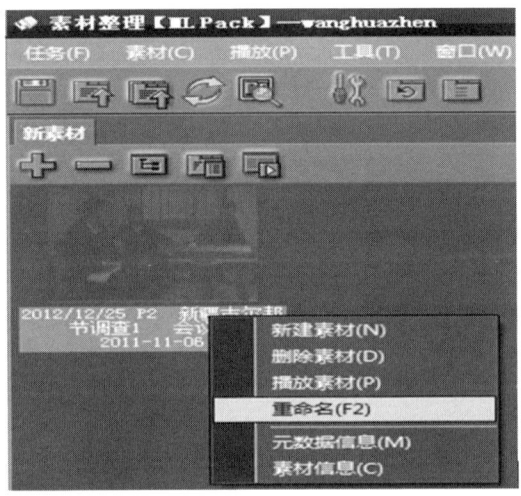

图 65　素材重命名

素材整理好后,点击"提交"按钮,提交成功后,系统进入到素材审核的工作环节,如图66。

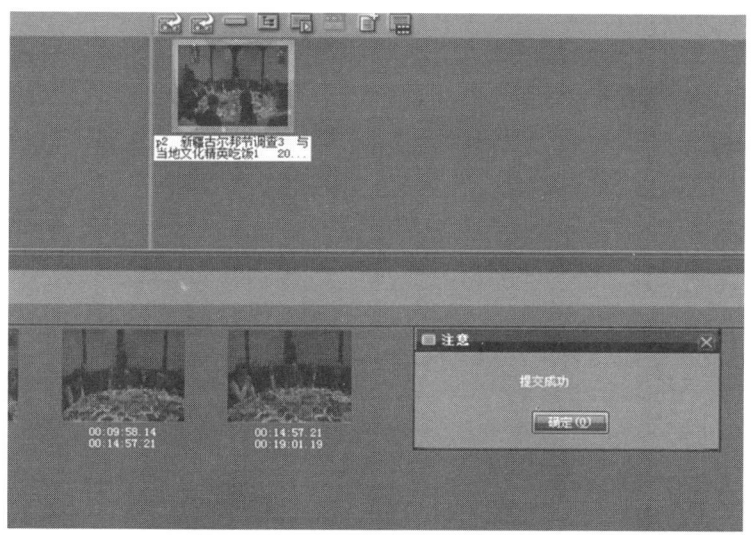

图66　素材审核提交界面

登录"素材审核"的系统后,在待审批的记录里,会看到刚才挑选好的素材。如果认为素材有价值入库,那么点击"素材选择通过"进入到编目环节,如果认为素材没有价值入库,那么就将其打回,素材会重新回到挑选阶段,如图67所示。

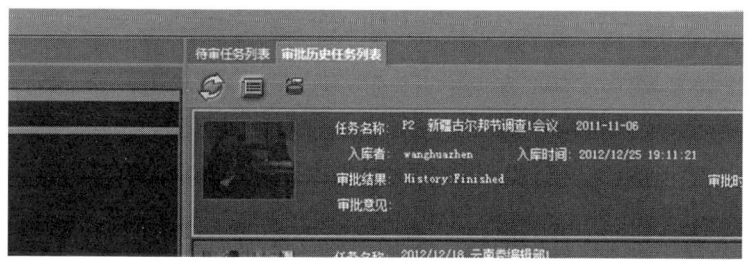

图67　审核界面

从素材的挑选到编目环节,中间会经过很多内部格式的转换,比如mpc整理、删除片段元数据、转低码流等。应用流程监控系统可以实时监控每一步操作状态,了解流程的进度。

如果上载失败,应用流程监控系统也能快速地查找原因,如图 68。

图 68　检测界面

通过审核的素材或成片可在编目环节的"未分配任务"里面查到。查看到审核通过的素材后,就可分配或者领取,进而编目。编目时,素材的价值程度与重要性都需考虑。价值越高、越重要的素材编得越详细,甚至精确到镜头。需要注意的是,编目时不要有重复的片段,有些必填选项要填满才能进入下一环节,如图 69、图 70 所示。

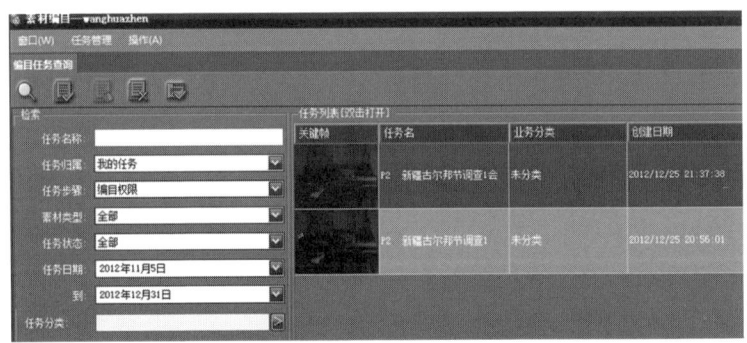

图 69　素材编目界面

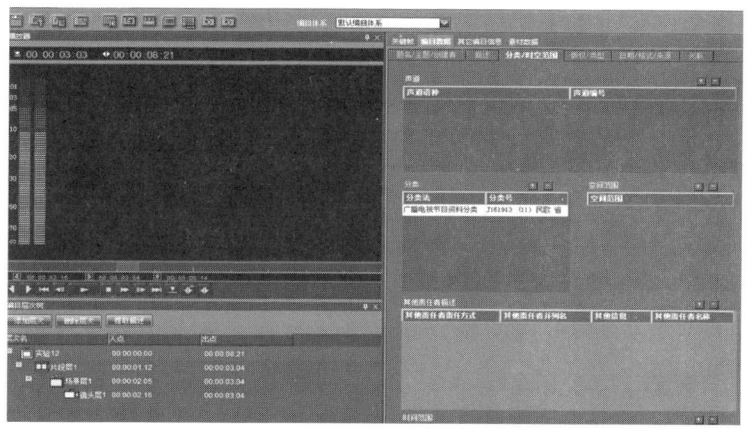

图 70 编目内容界面

编目完成之后,点击"提交任务",系统会提示素材已归档入库,这时挑选的素材——"新疆古尔邦节田野调查"素材就存放到媒资库中。在检索软件中,输入媒资系统的 IP 地址,即可进入 Sobey 媒资检索系统,输入编目时的关键字或者素材名就可看到入库的素材,如图 71、图 72。

图 71 检索界面

图72 检索结果

当检索到所需的内容就可以浏览，如图73、图74所示，同时也可把文件申请到非编盘、回迁到ML或把编目数据一同导出与中国记忆进行数据交换，如图75、图76所示。

图 73 浏览界面

图 74 详细信息浏览界面

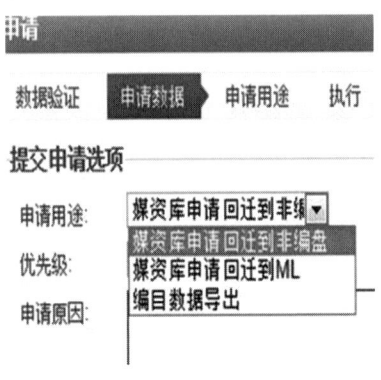

图 75 数据交换界面之一

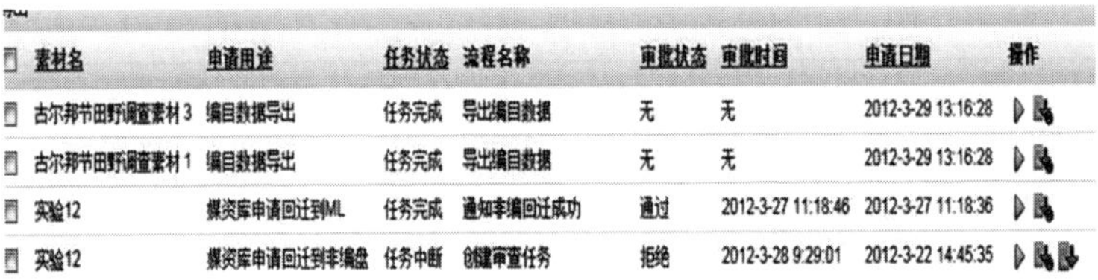

图 76 数据交换界面之二

对于需下载的素材，可向管理员申请下载，管理员如果同意下载则会通过审批，下载成功后，素材就可以被不同的用户使用了。

第三节 苗族鼓藏节的采集、编辑与存储

一、资源说明

《鼓藏节》拍摄于 2006 年底至 2007 年初，拍摄地点是贵州省榕江县高排村，成片时间为 50 分钟，素材时长约 40 小时，拍摄设备为 Sony Betacam707p 摄像机、Z1c 摄像机。拍摄

主题为苗族鼓藏节——苗族最隆重的祭祖仪式,拍摄内容包括节日活动前期准备和节日活动过程。

本案例使用的是 Edius5.50 系统,前期采集和数字化都使用该系统。

二、应用说明

(一)采集

首先,打开采集菜单,选择"输入设置"键,如图 77 所示。

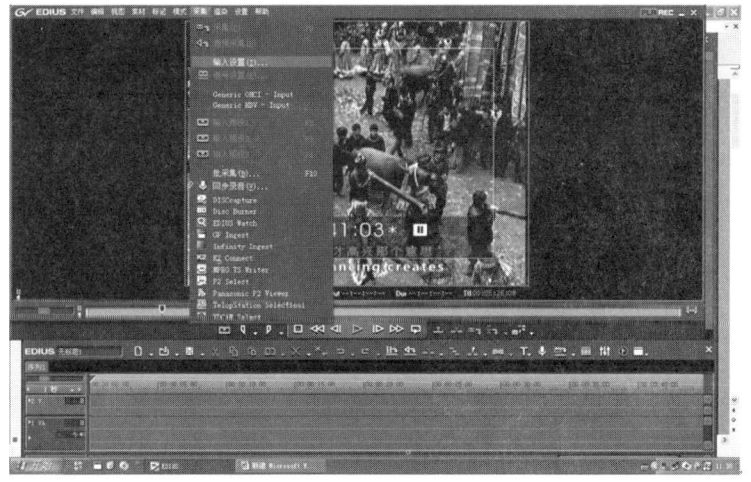

图 77 输入设置界面

其次,选择"输入设置"中的参数,如图 78,参数是根据采集素材而定的,鼓藏节的素材是以 720 * 576/ 50i 的标清格式拍摄。

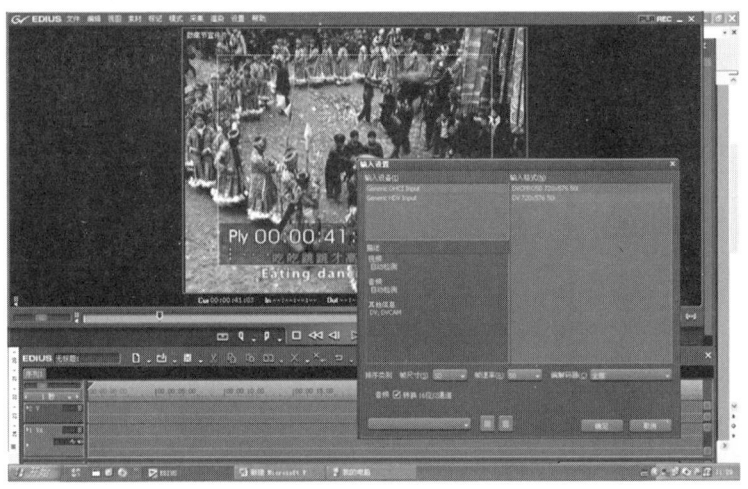

图 78　参数输入

最后,点击"采集"键,开始采集,如图 79。

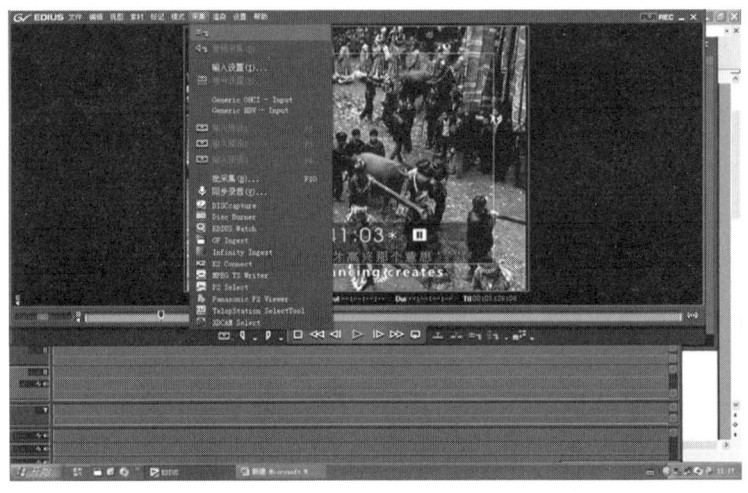

图 79　鼓藏节资源采集界面

采集完成后,进入数字化编辑阶段。

(二) 编辑

首先,在时间线上,开始对素材进行编辑,如图 80。

图 80 资源编辑界面

编辑的功能主要包括：

1. 素材浏览的灵活性

在查看存储在磁盘上的素材时，非线性编辑系统具有极大的灵活性，它不仅可以用正常速度播放，也可以快速重放、慢放和单帧播放。此外其播放速度可无级调节，也可反向播放，如图 81。

图 81 浏览界面

· 125 ·

2. 编辑点定位的时效性

在确定编辑点时，非线性编辑系统的最大优点是可以实时定位，既可以手动操作进行粗略定位，也可以使用时码精确定位编辑点。非线性编辑系统不需像磁带编辑系统那样花费大量时间来进行卷带搜索，这大大提高了编辑效率。

3. 素材长度调整的精确性

在调整素材长度时，通过时码编辑，在非线性编辑系统中可实现精确到帧的编辑，如图82。与此同时，非线性编辑系统还具备电影剪接简便直观的优点，可以参考编辑点前后的画面进行直接手工剪辑。

图82　长度调整界面

4. 素材的组接的可调节性

非线性编辑系统的各段素材的相互位置可以随意调整，在编辑过程中，既可以在任何时候删除节目中的一个或多个镜头，或向节目中的任一位置插入一段素材，也可以实现磁带编辑中常用的插入和组合编辑，如图83。

图 83 素材组接

(三) 导出

选择"入出点之间输出",并在菜单中选择导出,选择导出格式,如图 84、图 85,最后导出成品文件。

图 84 导出界面之一

图 85　导出界面之二

附件1 田野编目规范/场记规范

影像素材要求全部填写场记，以保证资源的完整记录与可持续利用。以下为素材场记单与人物场记单，均须以 EXCEL 格式填写并提交。

一、素材场记单

（一）使用存储卡拍摄的，使用以下场记单

文件编号	文件路径	景别	名称	民族	主题	类别	内容	人物	语言	时间	地点	环境	格式	设备	编导	采访	翻译	拍摄者	登录者	审核者	备注

填写说明：

（1）文件编号：填写设备自动生成的文件编号，例【0001A1】。

（2）文件路径：填写该文件的存储位置，例如【藏历新年/20120825/contents/video】。

（3）景别：【特写】、【近景】、【中景】、【全景】、【远景】。

（4）名称：民俗活动名称，例【藏历新年】、【跳傩】，如有别名，可用顿号"、"间隔进行多项标明。

（5）民族：拍摄对象所属民族，例【傣族】。如其支系较大或较特别，可加括号标明支系名称，例【傣族（花腰傣）】。

（6）主题：本段素材的主题，例【焚香】【打锣】。

（7）类别：按照以下"内容分类""形式分类"分别选填。其中，"内容分类"部分填写第二级分类项即可。例如，贴春联素材选择【节日】【文化艺术】两项，民歌表演素材选择【音乐】【会议演出】两项。在分类时，可以交叉选择，或进行自定义，以保证信息描述的全面与完整，内容重叠的用顿号"、"间隔进行多项标明。分类标准如下：

内容分类：

①生产劳动：农耕、游牧、狩猎、渔业、工商、交通、自定义。

②社会组织：民间政治、社团组织、亲属关系、自定义。

③文学艺术：音乐、舞蹈、戏曲、曲艺、故事、歌谣、史诗、谚语、工艺、美术、服饰、乐器、道具、自定义。

④知识体系：科技、自然、医药、哲学、宗教、法律、历史、教育、自定义。

⑤生活民俗：饮食、居住、语言文字、穿戴、娱乐、节日、礼仪、体育、实物、动物、自定义。

形式分类：

①文化艺术；

②调查采访；

③会议演出；

④风光；

⑤自定义。

（8）内容：影像说明，或人物对话。首先应对影像内容进行概要说明，其次，如影像中有人物使用方言或少数民族语言对话，应对对话内容简要翻译，如在同一镜头有多人对话，应对应说明说话者及其说话的内容。

（9）人物：拍摄到的主要人物姓名，例【李红辉】【查尔卓玛】。

（10）语言：拍摄对象所述语言类别，以民族语言划分，例【满语】【藏语】。

（11）时间：影像拍摄时间，例【2010年2月14日早上10点】。如有民族历法或有特定计时方式，可加括号加以说明，例【20100214（农历正月初一）】【20080103（虎日）】。

（12）地点：影像拍摄地所处行政区域，格式为省名＋县市名＋乡镇名＋村名，即【＊＊省＊＊县＊＊镇＊＊村】。

（13）环境：影像具体拍摄地点或所处环境，包含山川、河流、庙宇、家户名、标志物名或某地录音棚等，例【妙峰山上】、【傩庙内】、【张家灶间】、【云南电视台1号录音棚】。

（14）格式：影像记录格式，例【HDCAM】【DVCPRO】【HDV】。

（15）设备：拍摄设备型号。

（16）编导、采访、翻译、摄像、录音：影像的编导、采访、翻译、摄像、录音人员姓名。

（17）登录者、审核者：本条场记登录者、审核者姓名。

（18）备注：其他补充说明。

（二）使用磁带拍摄的，使用以下场记单

编号	盘号	时码	景别	名称	民族	主题	类别	内容	人物	语言	时间	地点	环境	格式	设备	编导	采访	翻译	拍摄者	登录者	审核者	备注

填写说明:

(1) 编号:素材片断编号,2位总项目编号+7位子项目编号+4位顺序号,共13字符。其中,总项目编号用字母编号,如《中国史诗百部工程》为EV;子项目编号用数字编号,如2015001;4位顺序号用数字编号,如0001,那么《中国史诗百部工程》项目的2015006号项目的第1段录像,即【EV20150060001】。

(2) 盘号:磁带编号,项目名称+3位顺序号,例如藏历新年项目的第5盘磁带,即【藏历新年005】,并应将相应盘号标明于提交的磁带之上。

(3) 时码:起讫时间以半角横线隔开,例【00003306－00013304】。

(4) 景别:【特写】、【近景】、【中景】、【全景】、【远景】

(5) 名称:民俗活动名称,例【藏历新年】、【跳傩】。如有别名,可用顿号"、"间隔进行多项标明。

(6) 民族:拍摄对象所属民族,例【傣族】。如其支系较大或较特别,可加括号标明支系名称,例【傣族(花腰傣)】。

(7) 主题:本段素材的主题,例【焚香】、【打锣】。

(8) 类别:按照以下"内容分类"、"形式分类"分别选填,其中,"内容分类"部分填写第二级分类项即可。例如,贴春联素材选择【节日】、【文化艺术】两项,民歌表演素材选择【音乐】、【会议演出】两项。在分类时,可以交叉选择,或进行自定义,以保证信息描述的全面与完整。内容重叠的用顿号"、"间隔进行多项标明。分类标准如下:

内容分类:

①生产劳动:农耕、游牧、狩猎、渔业、工商、交通、自定义。

②社会组织:民间政治、社团组织、亲属关系、自定义。

③文学艺术：音乐、舞蹈、戏曲、曲艺、故事、歌谣、史诗、谚语、工艺、美术、服饰、乐器、道具、自定义。

④知识体系：科技、自然、医药、哲学、宗教、法律、历史、教育、自定义。

⑤生活民俗：饮食、居住、语言文字、穿戴、娱乐、节日、礼仪、体育、实物、动物、自定义。

形式分类：

①文化艺术；

②调查采访；

③会议演出；

④风光；

⑤自定义。

（9）内容：影像说明，或人物对话。首先应对影像内容进行概要说明，其次，如影像中有人物使用方言或少数民族语言对话，应对对话内容简要翻译，如在同一镜头有多人对话，要对应说明说话者及其说的内容。

（10）人物：拍摄到的主要人物姓名，例【李红辉】【查尔卓玛】。

（11）语言：拍摄对象所述语言类别，以民族语言划分，例【满语】【藏语】。

（12）时间：影像拍摄时间，例【2010年2月14日早上10点】。如有民族历法或有特定计时方式，可加括号加以说明，例【20100214（农历正月初一）】【20080103（虎日）】。

（13）地点：影像拍摄地所处行政区域，格式为省名＋县市名＋乡镇名＋村名，即【＊＊省＊＊县＊＊镇＊＊村】。

（14）环境：影像具体拍摄地点或所处环境，包含山川、河流、庙宇、家户名、标志物名或某地录音棚等，例【妙峰山上】【傩庙内】【张家灶间】【云南电视台1号录音棚】。

（15）格式：影像记录格式，例【HDCAM】【DVCPRO】

【HDV】。

（16）设备：拍摄设备型号。

（17）编导、采访、翻译、摄像、录音：影像的编导、采访、翻译、摄像、录音人员姓名。

（18）登录者、审核者：本条场记登录者、审核者姓名。

（19）备注：其他补充说明。

二、人物场记单

对影像中出现的重要人物及访谈对象，需首先填写素材场记单，再填写人物场记单，两份场记单的编号和盘号应保持一致。

（一）使用存储卡拍摄的，使用以下场记单

文件编号	文件路径	姓名	性别	民族	年龄	籍贯	学历	职业	宗教信仰	身份	住址	联系方式	简历	影像描述	备注

填写说明：

（1）文件编号：填写设备自动生成的文件编号，例【0001A1】。

（2）文件路径：填写该文件的存储位置，例如【藏历新年/20120825/contents/video】。

（3）姓名：如有多个姓名，应首先注明常用姓名，再可用顿号"、"间隔进行多项标明。对于少数民族姓名，应注意进行完整记录，由于民族语言出现转写差别的，可以记录多种转写姓名,并用顿号"、"间隔进行多项标明。

(4)性别:人物性别。

(5)民族:五十六个民族的族称,例【傣族】。如其支系较大或较特别,可加括号标明支系名称,例【傣族(花腰傣)】。

(6)年龄:格式为标明出生年月日的【19501001】,不清楚出生日期的,可标明大致岁数,如【约50岁】。

(7)籍贯:格式为省名+县市名+乡镇名+村名,即【＊＊省＊＊县＊＊镇＊＊村】。

(8)学历:正式学历或相应文化程度。

(9)职业:所从事的工作类别,可为农民、工人、商人、教师、演员、僧侣、研究者等。

(10)宗教信仰:所信仰宗教名称,如可细化到宗教教派,可加括号标明教派名称。

(11)身份:仪式主持者、组织者、祭司等身份,包含民众对该人物身份的地方语言称谓,如【会首】、【玛纳斯奇】。

(12)住址:邮政地址。

(13)联系方式:电话号码、电子邮件等。

(14)简历:个人主要经历及与史诗相关的主要经历。

(15)影像描述:人物在影像中的形貌,以便于与他人区分,例【穿黑衣者】。

(16)备注:其他补充说明。

(二)使用磁带拍摄的,使用以下场记单

编号	盘号	时码	姓名	性别	民族	年龄	籍贯	学历	职业	宗教信仰	身份	住址	联系方式	简历	影像描述	备注

填写说明：

（1）编号：人物编号，2位总项目编号+7位子项目编号+2位顺序号，共11字符。其中，总项目编号用字母编号，如《中国史诗百部工程》为EV；子项目编号用数字编号，如2015001；2位顺序号用数字编号，如01，那么《中国史诗百部工程》项目的2015006号项目的第1个人物，即为【EV201500601】。

（2）盘号：磁带编号，项目名称+3位顺序号，例藏历新年项目的第5盘磁带，即【藏历新年005】，并应将相应盘号标明于提交的磁带之上。

（3）时码：该人物在影像中出现的时码，时码格式为【00003306－00013304】。

（4）姓名：如有多个姓名，应首先注明常用姓名，再可用顿号"、"间隔进行多项标明。对于少数民族姓名，应注意进行完整记录，由于民族语言出现转写差别的，可以记录多种转写姓名，并用顿号"、"间隔进行多项标明。

（5）性别：人物性别。

（6）民族：五十六个民族的族称，例【傣族】。如其支系较大或较特别，可加括号标明支系名称，例【傣族（花腰傣）】。

（7）年龄：格式为标明出生年月日的【19501001】，不清楚出生日期的，可标明大致岁数，如【约50岁】。

（8）籍贯：格式为省名+县市名+乡镇名+村名，即【＊＊省＊＊县＊＊镇＊＊村】。

（9）学历：正式学历或相应文化程度。

（10）职业：所从事的工作类别，可为农民、工人、商人、教师、演员、僧侣、研究者等。

（11）宗教信仰：所信仰宗教名称。如可细化到宗教教派，可加括号标明教派名称。

（12）身份：仪式主持者、组织者、祭司等身份，包含民众对该人物身份的地方语言称谓，如【会首】【玛纳斯奇】。

(13) 住址：邮政地址。

(14) 联系方式：电话号码、电子邮件等。

(15) 简历：个人主要经历及与史诗相关的主要经历。

(16) 影像描述：人物在影像中的形貌，以便于与他人区分，例【穿黑衣者】。

(17) 备注：其他补充说明。

附件2 关键词/术语解释

根据广播电影电视行业标准《广播电视音像资料编目规范第一部分：电视资料》（GY/T202.1-2004），所采用术语作如下定义：

1. 素材 Material

具有使用价值的、可用于制作节目的视音频资料。

2. 节目 Program

有独立主题意义的、已经制作完成的完整的视音频资料。

3. 片段 Sequence

节目或素材中一段连续的视音频，由一个以上相互关联的场景构成。

4. 场景 Scene

节目或素材中背景或场面不变的一段连续视音频部分，由时间或空间上相关的一个或多个镜头构成。

5. 镜头 Shot

同一摄像机一次摄录的连续画面，即镜头画面。

6. 栏目 Column

按照电视播出的内容、性质划分，具有固定的名称和播出时段的组合节目。

7. 著录/标引 Descriptive cataloguing/Indexing

对音像资料的内容和形式特征进行分析、归纳和记录的过程。

8. 著录项 Cataloguing item

用以解释音像资料内容和形式特征的记录项目。

9. 编目 Cataloguing

对音像资料进行著录、标引，并组织、制作各种检索目录或检索途径和工具的工作，是音像资料管理工作中的重要内容。

10. 元数据 metadata

描述数据的数据，指对音像资料的描述信息。

缩略语

DC Dublin Core Metadata Element Set 都柏林核心元数据集

XMLEXtensible Markup Language 可扩展置标语言

参考文献

1. 宋培义著《数字媒体资产管理》，北京：中国广播电视出版社，2009年10月版。

2. 徐品等编著《媒体资产管理技术》，北京：电子工业出版社，2012年2月版。

3. 国家广播电影电视总局《广播电视节目资料分类法》，2004年3月9日。

4. 崔屹平、赵彦华著《媒体资产管理理论与实务》，北京：中国国际广播出版社，2009年1月版。

5. （德）毛特、托马斯著，宋培义、严威译《数字媒体资产管理系统》，北京：中国传媒大学出版社，2008年6月版。

6. 段明莲编著《信息资源编目（第二版）》，北京：北京大学出版社，2008年10月版。

7. 吴龙涛、叶奋生、吴晓静 翻译/解释/补充《最新详解英美编目规则（第二版2002修订本）》，北京图书馆出版社，2006年12月版。

8. 纪陆恩、庄蕾波编著《境外合作编目理论与实践》，北京：海洋出版社，2007年6月版。

9. 张晓艳主编《影视非线性编辑》，北京：北京大学出版社，2010年10月版。

10. 曹飞、张俊、汤思民编著，《视频非线性编辑》，北京：中国传媒大学出版社，2009年5月版。

11. 黄秋生、江帆、寻茹茹 主编《非线性编辑实验教程

《21世纪新闻传播学实验系列教材》，北京：中国人民大学出版社，2009年2月版。

12. 中国标准出版社编，《都柏林核心元数据元素集 GB/T 25100 – 2010》，北京：中国标准出版社，2010年10月版。

13. 孙广芝、邢立强、张保玉编著《数字出版元数据基础》，北京：电子工业出版社，2014年1月版。

14. 赵屹《数字时代的文件与档案管理》，北京：世界图书出版公司，2014年2月版。

后 记

"民族民间文艺资源·媒资管理规范研究与应用项目"由文化部民族民间文艺发展中心组织实施,此项目由中心主任李松提议设立并担任总顾问,副主任张刚任技术指导,许雪莲担任项目负责人。

2012年年初,项目组开始进行项目的规划设计,组建队伍并确定工作方案。此项目依照媒体资源形式,分为视频、音频、图片三个小组,音频组由李明负责,成员包含刘先福、魏玮、高颖、于千贺、王林;视频组由许雪莲负责,成员包含耿永辉、李星泽、王华振、刘静颐、范彬;图片组由王彦负责,成员包含杨晓南、崔阳、王勇、闫东东、张烨;另外,魏玮、黄海纯任项目助理。参与项目的成员不仅大部分是年轻新生代的代表,并且具备不同的学科背景,全体成员的平均年龄在30岁左右,所学专业不仅有人类学、民俗学、艺术学、计算机、摄影、摄像等,还有代表职能管理的人力资源、财务、档案管理等。

从项目设立之初,项目组成员各自以实际行动积极参与项目,配合团队的工作任务与目标。通过专家讲座、参观学习、实地调研等方式,学习各个领域的媒资管理知识,整编传统民族民间文化媒体资源。按照既定的工作方案,项目以小组为单位,将音频、视频、图片三类资源的媒资研究与管理情况整理成文,在工作中加以实践,并最终结集出版。

民族民间文化是构成一个民族、一个国家文化的基础,与广大民众的生活密切相关,重视它的整理保护和传承,是中华民族的优秀传统。在数字媒体时代，对这些民族民间文化资源加以整编，使其重获应用价值，也是中心一直不断努力的方向。通过此项目的开展，以及相关会议交流和实地考察，使得每个工作人员对民间文化的媒资管理情况都有了进一步的了解。通过媒资管理规范的制定，以及工作人员一步一步的实践，让中心的媒资系统更有效、更规范、更科学，同时创造更大的价值。

在项目运行的过程中，成员们通过团队合作、学术与经验交流，让每个人在工作中都能发挥更大的热情。项目组成员在积极密切的配合中展现自己的知识与价值，提高学识积累，理解民族民间文化的含义和对其加以保存的重要性，这也为以后相关工作的开展奠定了基础。

中心对此项目的组建，目的是根据各类媒体资源的情况制定统一的标准和规范，实现对各种媒体资产的统一管理和控制；实现自动化信息处理，提高工作效率，降低运行成本；建立具有扩展性的业务平台，为媒体资产扩展新的应用领域，提高媒体资产价值。在完成工作的过程中，看到其他行业对媒资管理的实施和发展，同时汲取广电行业媒资管理的经验，这也对中心媒资系统的发展更具积极意义。

最后，感谢中心领导对青年人员的培养，这不仅提高了我们的文化修养，更提升了个人的业务能力。此项目由李松主任倡导设立，在项目实施的过程中他对青年工作者给予了很多指导、关心和支持，使得项目能更好地进行和展开。同时，中心其他领导和同事在工作和生活中都予以不同程度的关心和帮助，使得项目得以顺利实施。

当前世界，文化发展与同数字化技术不断呈现全球化的趋势，并与经济发展的一体化和多元化相互渗透、互相促进、彼此融合，共同构成影响文化形态、文化格局及其演变的重要力量。如何在全球化大趋势中让传统文化得以保存与革新，便成为文化发展的新命题。我们感谢我们所处的时代，强大的信息技术使我们获得更好的机遇，利用现代化手段将媒资系统运用到文化保护中，使得密闭又几近失传的多种传统文化资源得以采集、收录、存储，并通过媒资系统实现资源的价值再造，以此，完成中心一直致力的工作。